JN409359

천사의 바구니

# 천사의 바구니

정연희 환경생태 수필집

수필과비평사

# 초록별 지구에게 쓰는 편지

우주공간에 뿌려진, 헤아릴 수 없는 별 중에 지구라는 별 하나, 다른 별이 지구를 바라볼 때, 지구는 에메랄드빛으로 빛난다고 했습니다. 나는 그렇게 아름다운 초록별에 초대되어 살고 있는 손님입니다. 우주공간에서 지구보다 아름다운 별은 또 없을 것입니다. 아름답고 넉넉하고 너그러운, 그렇게 비밀한 사랑이, 나를 초록별을 떠나고 싶지 않게 만들었습니다.

그런데 이제, 내 영혼이 초록별 지구의 신음소리를 듣고 있습니다.

때로 산이 우우, 고독한 한숨을 쉬는 소리가 들립니다.

맑고 맑게 흐르던 강물이,

쓰레기에 뒤섞여, 검은 눈물이 되어 흐르는, 목 메인 소리가 들립니다.

그토록 넉넉하던 바다가 고통으로 용틀임하는 바다 신음이 들립니다.

지구 둘레의 하늘이 쿨럭쿨럭 기침하는 소리가 들립니다.

대지에서 무한정 기름을 뽑아 올리고, 곳곳에 관정을 뚫고 물을 뽑아내 대지가 목말라 헐떡거리는 숨소리가 들립니다.

여름 휴가철이면 팔당八堂 식수食水가 쓰레기 강이 되고, 바다며 산마다 구겨 던진 쓰레기로 뒤덮여, 인간의 무정無情함을 두고, 산과 들이 앓는 소리를 낼 때, 나는 내 영혼을 베어, 임종臨終 앞둔 어머니에게 손가락 깨물어, 선혈鮮血을 흘려 넣듯, 죄스러움과 부끄러움으로 용서를 비는 편지를 씁니다. 아직도 피고 지는 작은 풀꽃 하나의 신비와, 영혼의 우물처럼 마당 가득 차는 달빛 아래, 어디선가 영롱하게 흔들리고 있을 별빛을 향해, 눈물 머금고 연둣빛 닮은 편지를 씁니다.

그렇게 망가져가면서도, 초록별은 인간에게서 첫정을 거두지 않고, 맑은 공기와 청량수와 꽃들을 선물하고 열매를 주며, 사람 살아갈 길을 터주고 있습니다. 한없는 사랑으로 치유治癒의 손길을 건네줍니다. 불면증을 앓는 이에게는 풋대추의 씨, 안개꽃 아이리스로 잠을 보내주고, 충혈된 눈에는 아스라파거스, 라벤더 향이 눈을 맑게 만들어 주고 있습니다. 메밀 껍질, 녹두껍질, 결명자, 국화초菊花草가 청뇌명 목침을 만들어 두풍열을 내려주며, 단잠을 불러다 주고 혈압도 다스려주고 있습니다.

하늘도 땅도 바다도 산도, 강물도 숲도 …… 모두가 살아 있어, 우리와 생명 나눔의 이야기를 이어가자는 이웃입니다. 생명은 서로를 알아보는 따뜻한 언어言語입니다. 살아있음의 아름다움과 스러져가는 것들이 안고 가는 영원한 의미까지…….

지금 내가 살고 있는 집은, 어머니의 친정이었던, 경기도 처인군 백암면과 접경인 안성 삼죽면의 산 둔덕입니다. 서울 종로구 삼청

동에서 태어났으면서도, 늘 시골이 그리워 방학 때면 외가나 고모댁에서 살았습니다. 사람이 지금보다는 순하던 시절의 살림 향기를 아직도 잊지 못해, 그 시절의 추억을 편지로 쓰면서 초록별 지구에게 위안이 되기를 빌고 있습니다.

이름 없는 골짜기, 명리名利도, 권력도, 돈도 어울리지 않는 산골에 살면서, 별들의 언어를 익히고, 슬픔의 되새김질에서 이별의 아름다움을 배워가며, 내가 초대되어 살고 있는 지구라는 별에게 끝없는 편지를 씁니다.

2017년 5월

안성 삼희동산에서

정연희

■ 차례



## 1. 천사의 바구니

# 2. 서러움도 아름다운 깊은 밤

# 3. 삶의 쉼표

# 4. 그리운 여름살이

# 5. 덧없어도 인생은 아름다워

# 1.
# 천사의 바구니

# 천사의 바구니

아직 겨울바람이 서성거리는 논과 밭은 쓸쓸하다. 음력설을 지낸 한낮의 햇볕이 조금 느슨해진 것 같아도 삭정이 끝을 맴도는 바람은 맵고 차다. 지난 한 해, 내가 흘린 땀을 흠씬 마시면서 푸르게 자라던 과실수들이 다시는 살아나지 않을 것처럼 앙상하다. 회초리 같은 2년생, 3년생 매실이며 체리를 심은 지 이제 3년, 지난해까지 여러 그루가 죽고 몇 나무가 꽃을 피웠지만 결실을 위한 꽃이 아니라 가까스로 살고 있다는 몸짓을 간신히 보여준 것이어서 안쓰럽던 나무들이다.

일어나거라. 눈을 뜨거라. 내 체온으로라도 아직 녹지 않은 땅을 녹여주고 싶어 과실수밭으로 가서 서성거려 본다. 그렇게 서성대며 양지쪽에 이르니 마른풀 더미 사이로 파릇파릇 고개를 내밀고 있는 풀이 보였다. 파랗게 일어선 잡초 무더기와 냉이였다. 잡초의 푸른 기는 의기양양. 그 추운 겨울에도 죽지 않고 살아남아 있었을까. 아니면 겨울 추위에 잠깐 기절했다가 기어코 머리 들고 일어난 것일까. 한여름에는 그렇게 기승하여 농사를 질리게 만들었던 잡초도, 이른 봄에 만나면 생명 소식을 안고 오는 전령傳令 같아 눈이 버언하게 만든다. 가만히 숨 고르고 들여다보면 저들 나름으로 일제히 함성을 지르듯, 죽은 풀 더미 사이에서 저 나름의 생명으로 힘껏 솟구치는 힘이 발밑에서 꿈틀댄다.

아직 꾸덕꾸덕한 밭이며 밭고랑에는 잡초와 함께 냉이가 파릇파릇 퍼져 있었고, 바람막이 밭둑에는 뽀오얗게 눈뜬 쑥이 올라와 있었다. 하늘과 땅과 그 사이에서 햇빛과 비와 바람이 어우러져 낳은 생명들. 가슴 떨림 없이 그 앞에 무심히 설 수가 없다. 냉이 한 뿌리, 쑥 한 줄기의 생명은 나를 반겨주는 은총이었다.

"냉이가 불러 나왔어?" 바구니를 끼고 밭둑을 기웃거리는 점순어메를 보자 수인사를 건넸더니 점순어미는 허어연 이를 드러내고 히히 웃으며 바구니를 들어 보인다. 점순어미의 나이를 그 식구들도 모두 모른다. 이제는 고등학교에 다니는 점순이가 어미보다 머리 하나는 키가 더 크지만 어미는 시집을 올 때나 지금이나 서너 살배기의 외마디 말밖에 더 할 줄 아는 말이 없다. 몸도 여남은 살짜리에서 더는 자라지 않아 뒷모습으로는 어린애였다.

홀어머니의 외아들. 전쟁 통에 머리를 다쳐 정신이 오락가락하는 아들이 불쌍타고 짝을 채워준다는 것이, 이름도 나이도 모르는 반푼이었다. 읍에서 보조해주는 극빈자 급식으로 네 식구가 입에 풀칠하기도 바쁘지만 무엇으로도 돈이 될 만한 일을 찾을 길이 없어, 교회며 마을이며 닿는 대로 돕고 있는 집이 점순네였다.

점순어미가 할 줄 아는 일은 봄이 되면서부터 나물 뜯는 일과 가을에 산밤이며 도토리 줍는 일이 고작이다. 나물을 뜯으라면 하루 종일 나물을 캐고, 밤을 주우라면 해가 져도 밤나무숲을 떠나지 않는다. 시어머님이 자리보전을 하면 누구 하나 씻겨줄 사람도 없어, 점순네의 머리는 쑥대강이요, 얼굴은 앙괭이를 뒤발한 채다. 옷매무새도 걸레 같은 것을 보니 할머니가 오랫동안 앓고 계신 모양이다. "어디 보자." 나물바구니를 들여다보니 북데기 섞인 것이기는 했지만 냉이가 곧 많았다. "냉이를 많이 캤네!" 칭찬을 하니까, 점순네는 팔뚝을 불쑥 내어밀며 울상이다. "아퍼, 아퍼, 여기 아퍼." 지난여름 무엇엔가 찔려 피를 흘리고 있기에 데려다가 씻기고 약 발라주고 싸매어 주었더니 그 뒤로 나만 보면 약을 발라달라고 조른다. "지금은 피도 안 나고 아픈 게 아니니까, 냉이나 캐, 나도 좀 캐어 보태줄게." 호미를 들고 나와 까치다리를 하고 점순네 옆에서 냉이를 캐려니까 더없이 한가해진다. 땅이 다 풀리지는 않았지만 호미 끝에 닿는 흙에서는 봄 향기가 풍겼다.

텃밭에 쭈그려 앉아 둘러보니 냉이가 곧 많았다. 냉이도 한 가지가 아니라, 다락냉이, 말냉이, 미나리냉이, 논냉이, 황새냉이 등 모양은 비슷해도 잎 모양이며 뿌리 모양이 서로 다른 냉이가 섞여 살고 있었다. 황새냉이를 먹으면 머리가 센다던가, 시골사람들은 황새냉이를 질색하지만 시장에서 파는 냉이를 보면 황새냉이가 적잖게 섞여 있는 것을 볼 수 있어 씁쓸했지만, 이즈음은 그나마도 노지露地 냉이가 아니라 하우스에서 자란 냉이가 지천이어서 냉이 향조차 맡을 길이 없어졌다.

냉이가 눈 뜨는 것을 시작으로 대추나무가 새싹을 밀어낼 때까지, 우리 산과 들에 나는 풀은 거의 모두가 나물거리였다. 쑥, 돌미나리, 돌나물, 소리쟁이, 망촛대, 꽃다지, 지칭개, 얼레지, 씀바귀, 민들레, 머위, 질경이 등 이름을 다 몰라서 그렇지 봄이 되어 푸릇푸릇 잎을 밀어내는 것이 있으면 무엇이든지 나물로 먹던 시절이 있었다. 이 세상에 우리나라 사람처럼 풀을 많이 알고 많이 먹던 백성이 또 있었을까. 나물, 나물, 나물백성이라고 해도 지나치지 않을 만큼 우리는 나물을 많이 먹던 백성이었다. 보릿고개를 넘으려면 나물 없이는 고개를 넘어갈 수 없던 시절이 길고 길었다. 구황救荒 식품으로 나물도 미처 만나지 못한 이른 봄에는 보리죽 끓인 물도 못 얻어 마신 새댁이 진달래꽃을 뜯어 먹고 혼절한 일도 드물지 않았다. 그렇게 나물로 고픈 배를 달래가며, 짚으로 만든 짚신이며 가마떼기며 새끼 꼬아 이엉을 얹고 살던 시절에 우리네의 인심은 요즘 같지 않았다. 평균수명이라는 것이 30을 넘지 못하던 시절이었지만 세상을 떠날 때도 요즘처럼 암이나 당뇨, 뇌졸중 같은 성인병으로 고생 고생하는 일 없이 순하게 떠났다. 하찮은 병 때문에 쓰러지는 안타까움도 있었고, 고질병이 없지는 않았지만 요즘처럼 그렇게 독하고 질기게 피차가 죽도록 고생하는 일 없이 조용하게 떠나던 때가 나물 시대였다.

서양 사람들의 식탁이라는 것은 대체로 단순하다. 고기 아니면 감자나 당근, 양파나 몇 가지 야채로 만든 샐러드가 고작이다. 발효식품이라야 치즈 정도다. 메주, 간장, 고추장, 젓갈, 수십 가지의 김치, 된장도 가지가지인 우리네 식탁하고는 비교가 되지 않는 단순한 식탁이다. 일본의 상류급 요양원에서는 벌써 오래전부터 우리나라의 재래식 된장을 수입해 간다. 의학계에서 한국 된장에 항암성분이 듬뿍 들어있다는 논문이 발표된 후의 일이다. 일본은 한국 김치를 흉내 내어 전 세계로 수출을 시작한 지 오래되었다. 하와이에는 일본 자본의 대형 김치공장이 몇 개나 있는지 모른다.

거의 매일 나물을 무치던 우리 어머니의 손에서는 사랑과 생명이 흘러나왔다. 그 손은 자식들의 몸과 영혼을 지켜주던 약손이었다. 짚신 삼고 새끼 꼬며 가마니를 치던 할아버지의 손은 장인匠人의 손이었다. 오늘 우리나라의 경제기적을 일구어 낸 끈기와 지혜의 근본이 되는 손이었다.

그런데 이제 우리 식탁에서 나물 구경하기가 쉽지 않다. 더러

나물을 무칠 때도 1회용 장갑을 끼고, 못 만질 것을 만지는 것처럼 나물을 무친다. 그것이 더 깨끗하다고 믿겨서인지 양념을 손에 묻히기가 싫어서인지 아니면 두 가지 이유가 다 들어 있는 것인지, 어쨌든 젊은 세대로 내려갈수록 나물 반찬이 드물어지고 있다. 아이들이 조르는 대로 핫도그, 피자, 햄버거, 무슨 무슨 치킨, 아이스크림, 초콜릿, 케이크로 배를 채워주고 있다. 그리고는……, 드디어 세상에! 10대 어린이 당뇨가 해마다 급증하고 있다. 어른들의 성인병이라는 것이 드디어 아이들에게로 꼬나박힌 것이다.

입 안에서 살살 녹는 음식치고 건강에 이로운 것은 거의 없다. 아이스크림에는 얼음이 굳지 않게 만드는 부동액과 향료, 색소色素와 함께 열 몇 가지의 화학제가 첨가되어 있다. 눈부시게 흰 설탕이나 밀가루로 만들어져 입맛에 짝짝 붙게 만든 음식에는 영락없이 자연을 외면한 화학제가 첨가되어 있다.

큰 시장에 가면 냉이나 취나물, 돌미나리가 산처럼 쌓여 있지만, 밭둑이나 산기슭에서 캔 노지나물의 풍미 향香은 없기 마련이다. 대량생산을 위해 비닐하우스에서 키운 것들이어서 햇빛도 바람도 구경 못한 얼치기 나물들이기 때문이다. 때깔은 미끈하고 깔끔하지만 옛날 그 나물이 아니다.

겨울을 견디고 볼품없이 나와 있는 냉이는 햇빛을 받으며 전신으로 바람을 들이켜고 추위를 겪어가며 땅기운을 마음껏 들이마시며 자란 노지의 생명이다. 그 냉이는 싱싱한 생명의 향기를 담뿍 품고 있다.

비닐하우스에서 자란 식물에는 그것이 없다. 햇빛을 만나지 못한 식물, 바람과 맞서, 견디고 다지고 스스로를 키운 생명이 아니다. 추위를 모르고 귀한 집 자식처럼 자란, 노지냉이가 익힌 땅기운을 알지 못하는 식물이다. 그 위에 "빨리! 빨리!" 자라라고 성장촉진제나 화학비료를 매일 비처럼 맞으며 쑥쑥 자란 식물에게 무슨 향이 살아있겠는가. 그저 가공생명일 수밖에 없다. 그런 것을 먹어가며 온갖 공해에 찌들린 현대인의 육체가 어떻게 싱싱함을 유지할 수 있겠는가.

요즘의 시골 인심은 들에 널려 있는 나물을 눈여겨보는 일이 없다. 소리쟁이나 망촛대, 질경이 같은 것은 거들떠보지도 않는다. 이 바쁜 세상에 누가 쭈그리고 앉아서 그것들을 캐고 다듬겠느냐며 웃는다. 그렇게 하지 않아도 먹을 것이 지천인데 무슨 청승인가 핀잔이다.

점순어메와 나는 한적한 텃밭을 더듬어가며 시간가는 줄 모르고 냉이를 캤다. 땅이 몸을 틀며 손끝에다 봄을 알린다. 무심하게, 사랑도 미움도 그리움도 없는 흙의 향기에 영혼이 아련해지는 한동안이었다. 점순어메는 저하고 같이 나물을 캐는 내가 대견했던지 바구니를 들어올려 흔들며 좋아라고 정정거렸다. "냉이가 많어! 냉이 많어!" 점순네 바구니에 행복이 가득했다. 그의 웃음 속에 창조주의 흐뭇함이 어렸다. 점순네가 바라는 것은 냉이가 바구니를 가득 채워주는 일뿐이다. 해마다 지옥 같은 대학입학시험을 치를 일도, 돈벌이 때문에 애탄개탄 마음 졸일 일도, 이웃보다 잘살기 위해 아등바등할 일도, 더 좋은 집, 더 좋은 자동차를 갖겠다고 기를 쓸 일도 없었다. 누가 바보라고 손가락질하며 놀려대도 화를 낼 일도 없었다. 그저……, 바구니 하나에 가득 찬 냉이로 그는 행복했다.

"점순네야, 네가 천사로구나……."

점순네를 보내 놓고 홀로 앉아 해가 이울도록 냉이를 캤다. 또 다시 바구니가 그들먹했다. 된장 풀어 마늘을 넉넉하게 다져 넣고 냉잇국을 끓였다. 봄을 가득하게 먹고 자리에 누우니 하루가 더없이 평화로웠다.

# 풋내 울림의 언니

'어머니'라는 단어가 영혼의 고향에서 건너오는 향기 같은 이름이라면, '언니'를 부를 때면 고향의 풋내 같은 울림이 가슴으로 스며든다. 내게는 여섯 살 터울의 언니가 있다. 언니와 나 사이에 사내아이가 어릴 때 세상을 떠나서, 여섯 살이나 터울이 지는 언니는 만만하게 티격태격하면서 자라던 사이가 아니었다.

언니는 미인이고 재주가 뛰어난 멋쟁이였다. 손재주가 남다르고, 뛰어난 감성으로 글도 잘 썼고 노래도 잘했던 언니는 공부를 대단찮게 여겨 대학생 대신에 한국은행 행원이 되었다. 해방 직후였고 여성의 전문직이 별로 두드러지지 않았던 시절이어서 언니의 은행시절은 화려했다.

언니의 월급날은 언니의 얼굴을 더욱 함박꽃처럼 피워 올렸다.

'맏딸은 살림 밑천'이라는 옛말 그대로 언니는 어머니의 친구이자 의논상대였다. 성격이며 씀씀이가 시원시원한 언니는 맛있는 생과자를 사오기도 했고, 내 여름교복을 맞추어 주기도 하는, 집안에서 어른이었다.

전쟁을 만나기 전, 여섯 남매가 오글거리는 가운데 언니만은 독방을 썼다. 한옥의 건넌방이니 자물쇠 같은 것을 채우지는 않았지만 언니의 방은 우리들이 함부로 드나들어서는 안 되는 금기禁忌의 영역이었다. 그런데 나는 늘 그 방이 궁금했다. 그 방 안에 있는 것은 무엇이나 신기했다. 언니의 외출복, 핸드백, 구두, 중국 자수로 예쁘게 수놓은 지갑, 손수건, 만년필……. 그중에 내가 몰래 꺼내 보던 것은 꽃보다 더 아름다운 글씨로 갖가지 시詩가 적혀있는 노트였다. 그림재주도 빼어난 언니는 그 공책에다 알락달락한 색연필로 그림까지 그려 넣었다. 시화詩畵였다. 일본 글씨도 꽃 같았고 한글도 아름다웠다. 소설을 읽느라고 때때로 밤을 새우는 언니를 따라, 어린아이에게는 가당찮은 소설을 남독한 것도 그 무렵이었다. 언니에게는 청혼을 하는 청년들이 적잖았다. '저 중에 누가 내 형부가 되려나…….' 내 나름으로 꼼꼼하게 뜯어보았던 일을 누구도 눈치채지 못했다.

언니는 시부모님한테 지독한 구박을 받으며 시집살이를 했다. 우리와 같은 서울사람으로 아들 형제에 딸 하나뿐이던 언니의 시댁은 살기도 곤궁하지 않았고 막된 사람들도 아니었는데, 무슨 살煞이 끼었는지 맏이인 형부는 부모님, 특히 아버지께 학대당했다고 이름할 만큼 배척을 당했고, 따라서 언니의 결혼생활은 평탄할 수가 없었다. 해방 후 처음으로 만들어진 우리나라 교향악단에서 클라리넷 파트를 맡았던 형부는 수단手段이라는 것이 무엇인지 모르는 숫된 사람이었다. 그렇게 살면서 언니는 딸 셋, 아들 하나를 낳아 허둥지둥 숨차게 굽이굽이 한숨과 눈물과 끝이 보이지 않는 신산辛酸 속에 살았다.

서울 살림을 접고 시골로 내려온 것은 둘째 딸을 시집보낸 뒤였다. 선택의 여지가 없어서였지만, 깐깐하고 깔끔한 도시형都市型의 형부는 아예 자신 없어 했지만 달리 방법이 없어 끌려오다시피 했다. 농사라는 것은 상상도 해본 일이 없는 내외였다.

논 십여 마지기, 밭이 삼천여 평. 땅이 무엇인지, 흙이 어떤 것인지를 도무지 가량도 해본 일이 없던 사람들의 낙향이었다. 막다른 길이어서 오기는 했지만 과연 얼마를 견딜 수 있을까 막연하기만 했는데, 뜻밖의 일이 언니를 밭고랑에 주저앉게 만들었다. 위로 딸 둘, 세 번째로 얻은 아들이 군軍에서 제대를 앞두고 사고를 저질렀다. 재판이 오래 걸렸다. 제대만 하면 옆에 두고 보려니 했던 아들이 한동안 집으로 돌아올 수 없는 몸이 되고 말았다.

언니는 밭고랑에서 하늘 쳐다보고 한숨, 땅을 긁으면서 눈물,

흙하고 지내면서 홀로 울며 살았다. 금식禁食을 밥 먹듯이 하며, 눈물로 밭머리를 적시고, 해가 져서 밤이슬이 내릴 때까지 땅에 엎드려 살았다. 그때 농사가 없었다면 어떻게 했을까……, 그때 땅이 없었다면 어떻게 견뎠을까. 푸릇푸릇 자라는 푸성귀 잎새에 눈물방울을 이슬처럼 떨구면서 언니는 흙을 배우고 땅을 배워갔다. 그 아들이 지금은 걸음걸음마다 기적을 일구어내는 무구無垢한 목회牧會를 하고 있다.

농사 20년, 형부는 이제 70을 훌쩍 넘겼고, 언니도 육십을 중반이나 넘긴 나이가 되었다. 지난해 겨울, 형부는 "이제 농사는 안 되겠어…… 힘이 딸려……." 하며 자신 없어 했다. 그래놓고도 금년 봄에 다시 관리기(밭 가는 기계)를 끌어내어 손질해 밭을 갈고, 논에는 모판을 만들었다. 아무리 농기계가 발달했다 해도 열 번 스무 번 손이 가는 농사는 역시 젊은이들 몫이어야 했다. 언니 내외는 요즘 시세로 수지收支를 따진다면 땀 흘리고 힘들인 것의 몇십 분의 일도 거두지 못하는 재래식 농사에 매어달려 살아왔다. 이 산골짜기 농사에서 언니는 주역이고 나는 건달이다.

해 질 녘이 되었건만 밭으로 간 언니가 돌아올 기미가 없어 주춤주춤 찾아 나섰다. 하우스를 열어보니 모종을 낸 고추며 피망, 오이들이 곰실곰실 자라고 한낮의 열기가 후끈하게 고여 있을 뿐, 사람이 보이질 않는다. 둘레둘레 둘러보니 묵밭 모서리에 언니의 모자가 보인다. 가만가만 다가가 무얼 하는가 보니 묵은 쑥대 그늘에서 자라고 있는 고들빼기를 캐고 있었다. 넓은 차양 속의 얼굴 아랫부분이 아직도 뽀얗다. 하지만 그 얼굴은 무념무상無念無想, 무심하기 이를 바 없어 보였다. 이제는 안타깝게 그리울 것도 없고, 애틋하게 서러울 것도 없고 애탄개탄 긁어모아야 할 일도 없어라. 근심도 걱정도 내 뜻대로 좌지우지할 바 아니라는 것을 터득한 지 오래다. 그저 아직 새싹을 밀어내지 못한 묵밭의 마른 풀더미 속에서 무심한 손길로 나물을 캐고 있었다.

내가 다가간 기척을 알았는지 얼굴을 들더니 빙긋이 웃는다. "세상에! 요 넘어 동네에 다세대주택이 들어서면서, 해마다 나물꾼들의 나물 탐이 우리 논둑을 짓밟아서 논둑 쳐올리는 데 돈이 들게 하더니……. 이렇게 씀바귀며 고들빼기가 남아서 나를 기다리고 있었어. 보아라, 얼마나 소담한지……. 그래도 우리 몫이 남아 있으니 고마울 뿐이지……." 다락논의 논둑이 가팔라서 자칫하면 논둑이 무너지기 쉬운 형편에, 땅이 녹기 시작할 무렵 나물 뜯는 사람들이 논둑을 헤집고 다녀, 언니는 해마다 사람을 사서 논둑을 쳐올려야 하는 어려움을 겪고 있었다. 그런데 해묵었을 씀바귀의 굵직굵직한 뿌리를 소쿠리에 제법 그들먹하게 채워 놓고는 흐뭇해하고 있었다. "그것 보우. 언니가 이웃이 캐가는 나물이 아깝다고 먼저 거두어들였으면 이런 것을 만날 수 없었겠지……. 그저 남들한테 후하다 보면 내 몫은 따로 있는 법인가 보우" 언니 앞에 퍼더앉아 이런저런 얘기를 밑도 끝도 없이 두런두런하다 보니 해가 뉘엿해졌다. "아랫집 장독대에 돌나물하고 두릅이 아직 쓸 만할 걸? 마저 따다가 무쳐 먹자." 우리는 나물바구니를 들고 절레절레 아랫집 장독대로 가서 나물을 뜯었다. 언니는 나물을 추리면서 한숨을 쉬었다. 나는 그 한숨이 무슨 뜻인지를 금방 알아차린다. 캐나다 토론토에 가서 사는 지 30여 년이 되는 여동생과 뉴욕으로 살러 가서 20여 년이 넘는 막내 남동생을 생각하는 한숨이다. 여동생은 씀바귀나물과 냉잇국을 좋아했다. 냉이 철, 두릅 철이 되면 어머니를 일찍 여의고 먼 나라로 이민 가서 사는 동생들의 삭막한 생활이 언니의 가슴을 에이 듯 아프게 한다. "자식들 교육 때문에 간다면서 아이들 학교만 끝나면 다 저 살길 찾아가라 하고 저희들 내외는 돌아오겠다더니, 강산이 몇 차례 변하고 다시 한 바퀴가 돌아가도록 오지 못하고 있으니, 나물 맛도 잊어버렸겠다……." 맏언니가 아니라 어머니의 마음이었다.

바빠! 바빠! 낯설고 물 설은 나라에서 아이들 공부시키랴 입에 풀칠하랴 허겁지겁하다 보니 어느덧 아이들 짝지어 줄 일이 턱을 치받고, 이것 때우고 저것 채우다 보니 머리에 서리 내리고, 서양 사람들 사이에서 살아남으려니 고향조차 마음대로 들고 나지 못하는 처지가 된 것을 두고 언니는 한스러워했다.

뼈 빠지는 노동력에 비해 한심스러울 정도의 수익을 따진다면 논농사나 밭농사에 애당초 손을 댈 수가 없는 것이 재래식 농사지만, 언니는 가난한 아들네 교회에 헌금도 해야 하고, 무엇보다도 손자들에게 농약 치지 않은 야채며 곡물을 먹이려는 애련함 때문에 농사를 놓지 못했다.

농사꾼이 되기 전에도 언니의 장기長技 중에 특별한 것은 음식 솜씨였다. 언니가 무치는 나물 맛은 정말 희한하다. 어디서도 그런 나물 맛을 만날 수가 없다. 언니는 나물을 캐서 아들네며 딸네들에게 나누어주려고 그렇게 직수그리고 해가 넘어가도록 나물을 캤다.

우물가에 앉아 돌나물을 다듬고 씀바귀의 잔뿌리를 털어내며 우리는 어렸을 때 이야기를 주섬주섬 엮는다. 정치판에서 청문회가 어떻고 정당대회에서 득표율이 어떻고, 북한이 장거리 미사일을 어디를 향해 날렸건…… 그래서 우리는 스피노자가 아니라도, 오늘 밭에다 거름을 주고 김을 매며 푸성귀를 가꾼다.

장밋빛으로 등성이를 물들이며 해는 넘어가고, 저수지의 두루미는 하룻밤 쉴 자리를 찾는지 그 시원한 날개로 천천히 넉넉하게 기슭을 훑는다.

이제 언니의 방에는 꽃 같은 시화詩畵노트 대신에 손때 묻은 성경책과 성경 필사본筆寫本 노트가 있고, 찬송과 기도가 있을 뿐이다. 누가 말했던가. 평강平康은 대가代價가 아니라 선물이라고. 그러나 이 선물을 받기까지 언니는 고통과 고뇌의 터널 같은 어둠의 방을 50여 년이나 거쳐 왔다. 언니의 방, 새로운 의미의 신비스러움으로 가득찬 방. 갈퀴가 된 험한 손을 모으고 무릎 꿇는 방에는 그분과 함께 누리는 평화가 있을 뿐이다.

# 송화松花 안개

부리망을 씌운 소가 쟁기를 끌던 봄 하늘로 아스라하게 울려 퍼지던 소리……. 워! 워! 물 댄 논에서 철벅거리며 소의 입김이 뿌옇게 퍼지고, 허벅지까지 잠기던 논에서 소를 부리던 농사꾼의 소리는 한 해를 향해 떠나는 생명의 소리였다.

소도 쟁기도 아예 없어진 요즘도 나름대로 모내기가 끝나면, 솔숲은 어김없이 노오란 송화松花를 피워 올리고, 바람 한 점 지나가도 송화안개를 이룬다. 그렇게 송화가 만개를 할 무렵이면, 짧아진 여름밤이 짝짓기에 바쁜 개구리들 아우성으로 헝클어진다. 개구리들은 어둠을 상관 않고 밤이 깊어질수록 더욱 신나게 와글거려 고단한 단잠을 설치게 만든다. 첩첩 닫은 덧문도 소용없이 베개 맡까지 밀고 들어오는 개구리들의 아우성은 새벽까지 이어진다.

어렸을 때는 개구리들 와글거리는 소리가 개구리들의 울음인 줄 알았다. 어른들도 아무렇지 않게 개구리들이 '운다.'고 표현했다. 개구리뿐 아니고 새들의 지저귐을 두고도 '운다.' 했고, 귀뚜라미 소리도 우는 것이라 했다. 밤새워 우는 청개구리는 어머니 무덤을 장마에 휩쓸려 보내고 우는 것이라 했고, 무논의 개구리는 먹이를 찾아 우는 것이라 단정했다. 그러나 저 수백 마리의 개구리들이 저토록 열심히 소리를 질러대는 것이 실은 짝짓기를 위해서라고 하니 옛날 어른들은 그저 대강 짐작으로 말을 만들어 했던 모양이다. 게다가 사람 소리가 아닌 것들의 소리가 울음으로 들렸던 것은 사는 일이 너무 고달파서 모든 것이 자신의 삶을 닮은 울음소리로 들렸던가 보다.

어둠을 마다않고 밤새워 저렇게 질러대는 저 소리는 수놈이 암놈을 부르는 소리란다. 찰랑찰랑 물이 차 있는 논물이 한낮 햇빛에 따뜻해진 뒤 해가 저물면, 산란기를 맞은 개구리들은 목소리를 기껏 질러가며 제 짝을 찾는단다. 하지만 짝짓기는 개구리들 세계에서도 그렇게 만만하지만은 않아, 일이 성사成事되기까지 수놈들은 그야말로 악전고투를 치러야만 한다던가. 으레 경쟁자는 생기게 마련이고 그렇게 경쟁자가 나타나면 수놈끼리는 목불인견의 싸움판을 벌이게 마련이란다. 서로 뒷발질을 하는 것은 전투 초기의 일이고, 앞발로 걸쌈스럽게 따귀를 치다가 그것도 성에 차지 않으면 끌어안고 레슬링하듯 뒹굴면서 결판을 낸다는 것이다. 그러다가 어느 한쪽이 견디지 못하고 도망을 가야만 끝이 난다니, 그렇게 목숨을 건 싸움을 치르고야 암놈을 차지한다니, 개구리들의 짝짓기는 그야말로 목숨 건 한판승부였다.

개구리들의 소란은 새벽이 되어서야 가라앉는다. 청정한 아침까지 휘저을 염치가 없음을 저희들도 알아서일까. 그렇게 한밤이 지나 아침이 되면 집안으로 쓸려 들어오던 개구리 소리는 간데없어지고 집안으로는 노오란 송홧가루가 소리 없이 차분하게 밀려들어온다. 개구리 소리가 밤새워 솔숲을 흔들어 송홧가루를 날려보낸 것인지……. 문밖은 노란빛이 더 진해서 장독 뚜껑은 아예 노란 칠을 두껍게 칠한 것만 같다. 손바닥으로 가만히 송홧가루를 쓸어본다. 송화다식이 입 속으로 들어온 듯 알싸한 느낌이 목울대로 넘어온다. 아득한 전생前生 어디선가 먹어본 일이 있는 듯한 그 맛. 할머니, 어머니, 큰어머니, 고모……. 그 이름들을 향긋하게 만드는 솔향기의 맛……. 어렸을 때, 떡을 먹지 않던 나는 다식을 밝혔고, 그중에서도 송화다식만을 좋아했다. 깨다식, 흑임자다식, 콩다식도 더러 먹었지만 송화다식만큼 즐기지는 않았다. 송화다식은 다른 다식과 달리 다식판 무늬도 아련했다.

어린 마음에도 송화다식만은 덥석 베어 물지 못하고 앞니로 아주 조금씩 살짝 물어 혀끝에 얹고는 숨을 죽이듯 녹여가며 삼켰다. 그 알싸한, 약간은 떫은 듯 향기롭고 조금은 빡빡한 듯 입 안에 남는 송홧가루 맛. 송화다식을 먹는 시간은, 송화다식에 찍혀있던 무늬가 혀끝에 새겨지고 향기로운 솔잎이 이 사이로 돋아나는 것만 같은 싱그러운 시간이었다. 송화다식을 먹으면서 익힌 다식판 무늬는 상상의 날개를 돋우어 주던 그림들이었다. 아무 맛이 없어 입에 넣는 일이 별로 없었지만 절편에 찍혀 있는 떡살무늬도 그래서 좋아했다. 호두나무, 대추나무, 박달나무로 만든 떡살무늬도 있었지만, 사기며 오지로 만든 것도 있어, 한참씩 가지고 놀아도 싫증나지 않는 소꿉이 다식판 무늬며 떡살무늬였다.

어렸을 때 우리가 먹던 다식은 거의가 단색單色이었지만 왕실이나 당상관 이상의 귀족들이 먹던 다식은 간색間色을 살린 것들이었다. 얼마 전 그 옛날의 간색을 살려 음식축제에서 최우수상을 받았던 다식이 바로 옛 궁중의 다식이었다. 추월산의 열매와 풀의 색깔 향기로 스무 가지 이상의 색깔을 내었다고 했다. 모과, 솔잎에서부터 오디, 유자, 구절초, 으름, 산딸기, 쑥, 꽃사과 등 추월산에서 생겨 그 산에서 자란 나무와 풀의 모든 것을 담아 낸 다식이었으니, 그 다식을 먹는 사람은 추월산을 가슴에 담는 임자가 되었을 것이다.

음식은 사람을 살리는 생기生氣의 정수精髓다. 얼마 전까지만 해도 아녀자가 한 끼 밥을 짓는 것은 신앙의식과도 같은 것이었다. 쌀을 씻어 조리로 이는 과정은 어머니의 기도와도 닮았었다. 아궁이에 불을 지피는 일, 국을 끓이는 일, 나물 한 가지를 무치는 일에도 대여섯 가지 양념을 장만하는 것은 부모와 남편과 자식을 살리는 정성스러운 삶의 제의祭儀 같은 것이었다. 그런데 근래에 들어 우리 부엌에서는 도마 소리가 사라져가고 있다. 무채를 써는 소리도 없어졌고 마늘 다지는 소리도 없어졌다. 파를 다지는 소리, 생선 다듬는 소리, 생강 찧는 소리가 없어졌다. 대형 마트나 가게에서 갖가지 편리한 기구로, 구매자를 위해 모든 것이 단번에 입으로 들어가게 만들 정도로 만들어 주기도 하려니와, 심지어는 김장 배추를 절이고 씻을 일 없이 몽땅 배달해 주니 주부가 무엇 때문에 손에다 물을 묻히고 양념을 묻힐 일이 있겠는가. 젊은 엄마들은 자식들의 체중이 늘거나 말거나 나물 무치는 일도 번거로워 배달음식을 예사로 먹이는 일이 흔하다. 얼마 전, 집에 들른 젊은 후배는 내가 맨손으로 나물 무친다고 질겁했다. 일회용 비닐장갑을 두고 왜 그것을 쓰지 않느냐고 진지하게 힐난했다.

사람의 입에 들어가는 것은 모두가 나 아닌 남의 생명이다. 인간의 식탁은 인간을 위해 제물祭物이 되어준 갖가지 생명 제물祭物의 제상祭床이다. 그렇게 내 생명이 되어준 생명체를 먹고 우리 육체는 신비한 기운을 내어 살아가고 있는 것이다. 그렇게 몸이 살아가고 그중에 가장 많이 놀리는 손가락에 기氣가 모여 있다고 한다. 사람의 손가락에서 방전되는 기운은 해독제解毒劑에다 기가 넘친다는 이야기를 따로 기억하지 않아도 내 가족을 위해 맨손으로 나물을 무칠 때에 나물 무치는 주부의 사랑이 어찌 듬뿍 담기지 않으랴. 나는 요즘도 이따금 하릴없이 쌀을 일어 안친다. 그저 무심히, 옛날로 되돌아가며 천천히 쌀을 일어 안친다. 천천히, 서둘지 않고 가듯……. 그저 천천히 가듯……. 그렇게 쌀을 일고 있으면 마음도 몸도 한없이 차분해진다. 플라스틱 바가지가 격에 맞지 않고 석별기로 정미精米를 한 쌀에 돌이 들어 있을 리 없지만 천천히, 천천히 몇 번씩 조리를 돌린다. 쭈그리고 앉아 나물을 캐고, 무채를 칼로 써는 나를 보고 조카딸들은 웃었다. '비생산적 시간 소모!'라고 흉을 보았다. ……그렇다면 나물 캐는 시간을 아끼고 나물 무치는 시간을 아껴서 얻은 시간으로 너희들은 무엇을 했니?

요즘의 어머니, 아내 주부들은 코에서 단내가 나도록 바쁘다. 24시간을 240시간으로 사는 것처럼 바삐 돌아간다. 한낮, 서울 도로에 홍수를 이루고 흘러가는 승용차에는 혼자 앉아 운전하는 여성들이 그렇게 많다. 그들 모두 가족을 위해 돈을 벌고 시간을 더 얻겠다고 허둥거리며 살고 있기 때문이다. 현대문명의 생활구조가 그렇게 생겨 먹었으니 어쩔 수 없다지만, 우리 삶에서는 점점 '살림'이 없어져 가는 것이 아닌지. '살림', 우리 삶을 싱싱하게 흔들어주는 단어다. 밥 짓고 식탁 차리고, 청소하고 빨래하고 설거지하는 것. 맛있는 음식 만들어 나누어 먹고, 손수 가꾼 푸성귀며 낱알을 나누어 먹는 것 모두가 기운찬, 삶을 살리는 살림이다. 이제는 나도 젊지 않은 나이여서 날구장창 쌓이는 빨래며 설거지가 끔찍하게 여겨질 때도 있지만 빨래를 깨끗하게 하고 나면 마음까지 청정해지고, 청소를 하고 나면 새로운 기운이 솟구치고, 설거지를 하면서 그릇이 손끝에서 뽀드득 소리를 낼 때, 내 몸에 고여 있던 살림때까지 깨끗하게 씻긴 것 같은 싱그러움이 솟구친다.

빨래를 하면 옷이 살아난다. 청소를 하면 몸 붙여 살고 있는 집이 새롭게 살아난다. 설거지를 하면 그릇이 살아나고 부엌이 살아난다. 살림에 필요한 시간을 쪼개고 쪼개 보았자 그 남는 시간에 우리가 하는 일이라는 것이 별로 신통한 것도 없다. 남편은 직장을 오가며 달리다가, 아내는 집에서 허둥거리다가 휴일을 만나면 남부여대 밖으로 나가 먹다버린 쓰레기, 쓰다버린 찌꺼기 등 온갖 쓰레기를 남기고 돌아오는 것이 고작이 아닌지.

살림을 살림답게 하다 보면 인류가 쓰레기에 묻혀 죽게 될 일은 없을 것이다. 몇 겹씩 기름종이로 싸고 또 싼 가공식품을 줄이고, 남편이나 아이들에게 푸성귀를 먹게 하면 쓰레기 문제는 그 시점부터 해결의 실마리를 보여 줄 것이다. 푸성귀는 다듬고 남은 것은 금방 흙으로 돌아간다. 시골에 살면 푸성귀 겉잎은 닭 모이나 개죽 감이고 남는 것은 두엄 보탬이다. '살림'을 살자. 그러면 땅도 하늘도 다시 살아난다. 삶에서 살리는 일, '살림'을 찾아내자. 땅과 하늘 사이의 우리가 새로운 얼굴을 찾게 될 것이다.

# 장돌뱅이의 소주 한잔

시골 장터 인심은 아직 훈훈하다. 지금도 시골에는 장날이 있고 장날 맞추어 '장이 선다.'

서울행 직행을 타게 되는 백암에는 1일, 6일이 장날이다. 용인시 처인구 백암면은 남부터미널에서 한 시간 걸리는 거리지만, 장이 서는 날은 촌 인심 그대로 시끌벅적한 시골이다. 백암은 어머니의 친정이어서 어렸을 때 방학이면 아예 외가에서 살다시피 하여 백암은 내 어릴 적 고향이다. 그 시절의 장날 같지는 않지만 지금도 백암장은 푼푼한 시골 인심 그대로다.

장날이 되면 날이 밝기도 전에 장터의 낸내가 재(嶺)를 먼저 넘어온다. 외갓집은 백암읍에서 잔뜩 오릿길이 되는 태평촌 구석이었지만 장날의 들뜬 기운은 영락없이 미리 흘러들어와 집집마다 싱숭생숭 들락거렸다.

청상과부로 아들 형제를 키우는 외사촌 올케는 새벽부터 광을 들락거리며 참깨 · 엿기름 · 팥 같은 작물로 올망졸망한 자루를 만들어 장터로 이고 나갈 채비를 한다. 너무 어질고 착해서 모자라는 사람으로 치부되던 시어머니 눈치를 볼 일은 없었지만, 작은아들 점선이는 용케도 장날을 먼저 알아차리고 어미의 갈 길에 앞장을 섰다. 왜장녀倭將女라는 별명이 붙을 정도로 껙다란 키에 상냥한 구석이라고는 눈을 씻고 찾아도 찾을 길이 없는 올케는 눈을 부라리며 작은아들이 쫓아오지 못하도록 으름장을 놓지만, 점선이는 절대로 포기하지 않고 눈에 띄지 않을 정도로 주춤주춤 따라가서 기어이 장터까지 따라붙곤 했다. 작은아들 점선이는 외사촌 오빠가 해방 후 백암우체국 국장일을 볼 때 우체국 관사에서 태어났다. 연상의 여인에다 왜장녀라는 별명이 붙을 만큼 무뚝뚝한 아내와는 달리 오빠는 남달리 희고 섬세하게 생겨 여인들의 눈길을 끌던 지아비였다. 선병질적인 체질 탓이었던지 그 무렵 불치병이라던 폐질환으로 젊은 나이에 세상을 떠났고, 점선이는 네 살 때 백암우체국 관사를 떠나 태평촌 노동老洞할아버지 집으로 들어갔다.

청상이 된 올케의 장날 나들이를 두고 심사가 곱지 못한 사람은 곱지 않은 눈길로 건넸고, 그렇지 않은 사람들은 “남편 그늘에서 살던 우체국 시절이 얼마나 그리우면 남편 냄새라도 맡으려고 장날마다 저리 꼬박 읍엘 드나드는 게지……. 춧춧 불쌍한 것…….”
남편 덕에 대접 받고 살던 올케의 한때를 돌아보아 지금의 처지를 딱하게 여겨 주었다. 형에 비해 질기고 고집 센 점선이는 장터에서 어머니의 치마 꼬리를 잡아채고 어떻게 해서든 엿이며 떡을 실컷 먹고서야 물러나곤 했다. 점선이는 아지매(아주머니)인 나를 누구보다 반겼다. 올케는 고종사촌 시누인 내가 외가에 머무는 동안 장날이면 나를 앞장세웠고, 점선이는 실랑이질을 하지 않고 자동적으로 따라갈 수 있었으니 아지매 덕을 톡톡히 보는 셈이다.

“애기씨! 장터에 갈 테면 따라나서요!”

장터에서의 올케는 집에서 보던 올케가 아니었다. 집에서는 그토록 무뚝뚝하고 시무룩해 있는 올케가 장터에서는 활기차고 싱싱했다. 그렇게 한나절이 지나 해가 뉘엿해지면서 파장이 가까워지면 장터는 해가 중천에 있을 때 왕성하던 기운이 가라앉는다. 등짐장수는 다음 장터를 향해 떠날 봇짐을 싸고, 막걸리 잔에 거나해진 할아버지는 새끼줄에 꿴 고등어를 흔들거리며 흥타령에 맞추어 갈지자로 휘청거리는 걸음이 걸직했다. 마차에 땔나무를 가득 싣고 왔던 아저씨는 빈 마차에 다리를 뻗고 앉아 소 방울 소리에 흔들거리며 객줏집 논다니를 생각하는지 연신 빙긋거리고……. 집에서와는 달리 활기차던 올케가 고갯마루에 올라 설 때면 올케의 길고 느린 그림자는 이상스럽게 슬퍼 보였다.

남편 생전 얼마 전까지도 우리 내외는 옛날 닷새장, 칠일장이 서던 곳을 날 잡아 찾아 다녔다. 그중 남편이 설레하던 장은 강릉의 단오端午장이었다. 서양 사람들이 '페스티벌'이라고 부르는 잔치에 비할까. 곡마단까지 들어와서 오색 천막을 치고, 곡마단 광고쟁이들이 원숭이와 개를 앞장 세워 트럼펫을 불어가며 사람들 사이를 누비고……. 곡마단이 불어 젖히는 트럼펫 소리에는 흥겨움보다는 가슴 밑바닥을 흔드는 슬픔이 있었다. 벗어날 길이 없는 막다른 인생의 쓰라림이랄까, 바닥 인생의 탄식 같기도 하고, 사람들이 일껏 덮어두고 살아가는 애절함을 짓궂게 일깨워주는 애곡哀哭 같기도 한 곡마단의 트럼펫……. 아이들은 살판이나 난 듯 제정신을 잃고 쫓아다니지만 곡마단 사람들의 웃음에는 언제나 눈물이 얼비껴 있었다.

서울에는 남대문이며 동대문시장이 날이면 날마다 전국의 장꾼들을 불러 모으고, 눈부신 백화점이 곳곳에서 번쩍거리고, 언제 어떻게 빌려 온 '슈퍼'라는 이름이 뒷골목 구멍가게에까지 올라앉아 걸음걸음마다 가게요, 산처럼 쌓여 있는 것이 물건이어서, 요즘 사람들은 장을 보러 갈 일이 없어진 시대를 살고 있다. 무엇이든지 장바구니에 던져 넣으면 '내 것'이 되는 세상에다 곳곳에 자판

기가 서 있고 음료며 커피를 기계가 덜컥 내려주는 것을 마시는 세상이 되었다.

나는 어렸을 때, 늘 돈이라는 것이 이상했다. 종이쪽을 내어밀면 그것이 물건이 되는 것이 이상했다. 어린 마음에도 '상행위商行爲는 절대로 물물교환이라야 공정하다.'고 생각했다. 그런데 가게에서는 돈 한 가지만 받고 무엇이든지 내어 준다……. 그러다가 이제는 자동판매기라는 것이 생기면서 인간관계가 기능적인 관계로 전락해버렸다. 인류는 2차 대전 전까지만 해도 수만 년을 두고 아주 느리게 변천 변화를 거쳐 왔다. 과학이 고도로 발달했다고 자처하던 미국이며 소련이 밭을 가는 트랙터를 선보였을 때, 사람들은 노동에서 해방된 기쁨을 노래했다. 그런데 그로부터 불과 50여 년 만에 영국에서는 양羊을 복제해냈고, 드디어 인간복제 문제로 논란을 벌이는 자리에 이르렀다. 그러니 물건을 사고파는 일에 있어서랴!

서울에서 가장 가까운 장은 모란역에서 닷새 만에 서는 모란장이다. 옛날장터 같은 맛은 없어졌지만 모란역 전철에서 내려 땅위로 올라서면 텁텁한 사람냄새에 텀벙 빠진다. 짚이나 새끼줄에 묶은 메주, 집에서 기른 엿기름, 은행, 콩, 수수, 참깨, 좁쌀 자루를 길바닥에 늘어놓고 앉아있는 할머니, 그 옆에 까치다리로 쭈그려 앉아 서로 삿대질로 언쟁을 벌이는 할아버지, 리어카에 고등어를 산처럼 쌓아 놓고 소리소리 외치는 생선장수, 모두가 후지레해 보였지만 오래간만에 만나는 사람냄새에 코허리가 시큰해진다. 약전거리처럼 약재만 모아 좌판을 벌인 모퉁이에는 당귀, 황기, 엉겅퀴, 우슬초, 둥굴레, 오가피, 육계, 태백산 복령, 옥수수수염에, 짚을 썩혀 버무린 굼벵이, 지네 등 없는 것이 없었다. 야채전이 따로 있었고, 공산품 골목이 이어졌다. 해물전에는 흔한 생선 외에 자라, 가물치, 메기, 붕어, 잉어 등이 지천이었고, 오리, 닭, 꿩, 고양이에 염소, 토끼 장수들은 그들끼리 몰려 있었다. 고물거리는 강아지에서부터 진돗개, 셰퍼드 등 개들이 모여 있는 곳과, 차일 속에 김이 잔뜩 서려 있는 음식점 좌판에는 희색만면으로 음식을 즐기는 사람들의 즐거움이 있었고, 낙지, 골뱅이, 닭구이, 순대, 돼지껍데기, 찐 새우를 가득 쌓아 놓은 천막 술청에도 사람들이 그들먹했다. 하지만 아직 해가 높직이 남아있는데 무엇에 비위를 다쳤는지, 술을 잔뜩 퍼마신 야채장수는 "○발! 천 원이다! 천 원! 천 원에 다 가져! 까짓것!" 혀 꼬부라진 소리를 연발했고, 원숭이를 앞세운 옷장수는 걸죽한 변사辯士처럼 사설이 장황하다. "얘 이름은 원재순이요, 막걸리 한 사발만 마시면 〈홍도야 우지 마라〉를 기차게 부르지! 그것도 춤을 곁들여서!" 베베(BeBe) 상표의 옷을 입고 사슬에 묶인 원숭이는 둘러선 사람들을 불안하게 훑어보며 주인이 앵긴 막걸리를 벌컥벌컥 마셔댔다. 원재순이가 취하기를 기다리는 동안 옷장수는 갖가지 옷들의 질감이며 모양이 얼마나 빼어난 것인가를 애타게 선전하지만, 겹겹이 둘러선 사람들은 원숭이가 정말 〈홍도야 우지 마라〉를 부를 것인지만 기다릴 뿐, 옷을 사는 사람은 한 사람도 없었다. 모란장에서 사람기운을 쐬는 날은 만단 시름을 잊는 날이다.

1일, 6일 장이 서는 백암장은 규모가 작지만 제각기 정해진 자리가 있고, 촘촘 서로 이웃해, 한식구처럼 흉허물 없는 장터다. 당장 입에 풀칠해야 하는 다급함이 발아래 있었지만 아귀다툼이나 살기殺氣 없이 장이 서는 날은 잔칫날이다. 절박함이 생기와 활기로 풀풀 날고, 그 그늘에 신산과 고달픔이 서려 있어도 속악俗惡함은 없는 것이 장터 인심이다. 백암장은 거의가 먹거리요 일용품 몇 가지뿐, 사치품이라는 것은 없다. 더러 악다구니로 싸움판이 벌어져도 그것이 단순한 생존법칙이 되어 마무리가 되는 것이 장터와 현대 시장市場의 다른 점이다. 천막에서 지져대는 빈대떡, 튀김, 닭발을 안주 삼아 기울이는 소주잔……. 장꾼들끼리 한두 잔 주고받기도 하지만, 장 보러 나온 아낙네들이 둘러앉아 오손도손 젓가락질하는 모습도 백암장의 따뜻함이다.

자동차 판매장, 가전제품 가게들, 갖가지 공산품, 보석상이 모여 있는 빌딩, 백화점, 창고형 매장에 몰려드는 사람들은 어떤 물건이 필요해서 사려는 사람들이 아니다. '새로운 것!' '색다른 것!'의 광고에 홀려 쇼핑센터를 그야말로 '신전神殿처럼 순례'하는 사람들이다. 생산자나 매장賣場은 현대인들의 축적욕蓄積慾을 자극해내지 못하면 망한다는 것을 알기에 광고에 목숨을 건다. 광고판은, 사고 또 사들이고, 집안 여기저기 구석구석에 처박아 놓고도 허전해서 또 달려 나가는 현대인의 '쇼핑 중독'이라는 병이 들게 하여, 그 병의 폐해가 어떤 지옥인지 자각하지 못하게 만들었다. 가공식품, 숨차게 생산되고 있는 새 모델의 공산품들, 심지어 기계적으로 생산되는 싱싱한 채소까지 획일화된 식품을 먹고 있지만, 그 시장성市場性이 인간을 출구 없는 획일화 속으로 몰아넣는 채찍이라는 것을 자각하지 못하는, 편리에 중독된 현대인을 만들고 있다.

옛날 장터에는 당사주 책을 펴놓고 먼 산 바라기를 하는 노인이 있어, 더러 그 앞에 쭈그리고 앉아, 당사주 그림을 뒤적뒤적 사주도 보면서, 이 얘기 저 얘기로 장터 먼지와 장터 기름내를 맡았지만, 이제는 하릴없이 어슬렁거리다가, 팔다 남은 시든 시금치나 콩나물 한 줌을 사들고 돌아선다. 이제 백암에 몰려드는 장꾼들은 모두 트럭을 몰고 오거나 낡은 승합차라도 차를 몰고 다녀, 마차를 끌고 다니던 장꾼들의 애환과는 다르지만, 파장이 되면 이웃장사치들끼리 막걸리 잔이나 소주잔을 나누고, 그날 벌이가 좋았던 시원찮았던 그렇게 서로에게 내일을 약속하며 남은 물건을 주섬주섬 거둔다. 돈이라는 괴물에 중독되지 않은, 떠도는 장꾼들이지만 삶이 있는, 가난하지만 서로에게 삶을 나누어 주는 시골 장날은 가난한 잔칫날이다. 서로에게 안쓰러움과 슬픔이 잇대어진 이웃끼리 인심만 푸짐한 잔칫날이다.

트럭에다 남은 짐을 싣던, 승합차에 남은 물건을 얹건, 장꾼들의 하루에는 저무는 거리에서 몰래 삼키는 눈물이 있다. 이웃장사치끼리 술잔을 나누면서 기차게 웃음을 터뜨려 보아도, 목으로 넘어가는 것은 서로에게 들킬 일 없는 하루의 눈물이다. 떠돌이 장꾼, 장돌뱅이의 애환에는 술 한 모금과 함께 하루를 넘기는 눈물이 있다.

# 시린 달빛에 따뜻한 눈물이

추억에는 나이가 없다. 아련하면서도 어딘듯 통증이 함께하는, 때로 미열微熱처럼 전신을 나른하게 만드는- 빛바랜 편지지에 남겨진 사연처럼, 가슴 깊은 자리에 가만히 접혀진 채 나이가 없는- 지나간 날이 몽환이 되어 떠오르는 것은 빛깔로 올까 소리로 올까. 그런데 신경생물학자 한나 모니어는 회상을 유발하는 것은 후각이라고 했다. 냄새가 회상回想을 부른다는 것이다. 후각이 뇌 속의 감정 시스템과 가장 밀접하게 연결되어 있기 때문이라는 것이다. 뇌 속에는 편도체라는 구조물이 있고 그것이 감정을 일으키는 구실을 하고 있다 한다.

뉴욕에는 30년 넘게 동생이 살고 있고, 만나고 또 만나도 그리움이 마르지 않는 친구들이 있어 뉴욕은 낯설지 않은 땅이다. 뉴욕이 떠오르면 사과나무 향기가 살아나고 그 겨울의 장면들이 가슴속에 따뜻한 불을 지핀다. 뉴욕과의 첫 만남은 40년도 더 전이다. 맨해튼의 마천루, 브로드웨이의 휘황한 뮤지컬, 활기찬 5th 애버뉴, 허드슨 강 절벽을 따라 한없이 이어지던 겨울 숲, 크리스마스카드에서나 구경하던 달콤한 집들……. 걸음마다 변화하는 뉴욕의 갖가지 얼굴이, 처음 들어서는 미국행의 나그네를 '이상한 나라의 앨리스'로 만들었다. 5번가의 번화와 달리 가난을 안고 자유를 누리는 그리니지 빌리지, 제약을 받을 일 없는 감성의 방만함이 있는가 하면, 파크애버뉴의 도도한 질서와 엄격성, 뉴욕은 뉴욕만의 아름다움을 지니고 있었고, 구석구석 더러움을 껴안고 있었고, 떳떳한 화려함이 있는가 하면 폐기 처분된 슬픔이 곳곳에 나뒹구는 자유의 나라였다.

그런 뉴욕 맨해튼에 친구 하나 살고 있었다. 함경도 산産이었는데, 6·25 전쟁 직전, 10대 후반에 일찌감치 프랑스로 날아가 자유인으로 살고 있는 방랑자였다. 무뚝뚝하기 짝이 없는 토종사내이면서 심지가 깊어, 내면으로는 온 세상의 아픔과 슬픔을 모두 끌어안고 살아가는 사람이었다. 어찌어찌하다가 파리 유학 중에 가문 좋은 미국처녀와 결혼했다. 얼마나 동양적인 여성이었는지 남편나라 한국의 요리를 연구하여 한국요리책을 출간하기도 하고 시어머님을 극진히 모시던 천연기념물 같은 여성이었다. 현실과 타협할 줄 몰라, 늘 가난하기만 한 남편을 도와 알뜰한 살림을 하면서 남매를 낳고, 남편의 이상실현理想實現을 위하여 노심초사하던 아내였는데, 그 뜻을 다 펴지 못한 채 후두암 말기 불치의 병을 앓고 있었다. 30대 중반의 아름답고 젊은 아내였다.

현玄은 남을 탓하거나 누구를 흠잡는 일도 없고 누구에게 무엇을 권할 줄 모르는 숫보기였는데, 내가 뉴욕을 떠날 무렵이 되자, 코네티컷에 있는 자기네 별장엘 가자고 부득부득 졸랐다. 일정도 바빴지만 집안에 우환을 안고 있는 그의 형편이 마음에 걸려 내켜하지 않자 "둘이서 가자는 거 아니고, 내 친구도 함께 갈 거니까, 거북해 할 것 없어. 내일 보스턴 가는 항공권 예약해 놓았으니까. 마음 놓고 가자고!" 다음 행선지 출발 하루 전, 유학 중인 내 후배를 대동하고 따라나섰다. 다소 달뜬 것 같은 현은 친구하고 함께 생선 가게에서 싱싱한 생선을 듬뿍 장을 보았다. 허드슨 강 하류의 강안江岸은 병풍 같은 절벽을 이루며 초겨울 숲 머리로 청청한 하늘을 이고 있었다. 사람과 사람의 진심이 잇대어진 어느 한순간은 왜 비수 같은 슬픔이 얼빗기는지. 죽을 날을 향하여 하루가 아쉬운 아내를 병상에 두고, 고국에서 온 친구에게 알뜰한 여행 선물을 만들어 주겠다고 조바심치는 친구의 마음이 눈물겨웠다.

뉴욕을 벗어나 주 경계선을 넘고 코네티컷 주州 시가지를 벗어나자 깊은 숲길로 이어지며 그대로 산속이었다. 2차선 찻길에는 오가는 차도 없었다. 제법 시원한 물살로 이어지는 개울이 끊겼다가 이어지는 산길. 깊은 산이어서 해 그늘도 일찍 덮였고, 낙엽교목이 촘촘한 산자락은 부드러운 잿빛으로 가라앉기 시작했다. 골이 깊지 않은 산골짜기에는 양지바른 자리에 인디언 무덤이 드문드문 자리하고 있었다. 오색으로 물들인 깃털을 꽂아놓기도 했고, 알락달락 헝겊으로 만든 꽃들이 넘어가는 햇빛과 전조등에 잠깐씩 흔들리는 것이 꿈결같았다. 후배가 "별장이 꽤 멀군요." 하자. "지옥 같은 문명권을 벗어나 달아나는데 이만한 시간도 안 걸리겠어요?" 현이 말하며 웃었다. 지옥 같은 문명권……, 지옥 같은……. 그는 대도회 뉴욕을 지옥 같다고 했다. 이따금 차에 치여 죽은 너구리며 다람쥐 시체가 눈에 띄어 섬뜩했다. 계속 달리는 속도가 두렵다는 듯 후배가 입을 열었다. "세상에! 재네들이 왜 길을 건너다니다가 저렇게 차에 치여 죽는대요? 그냥 저쪽 숲에 있거나 이쪽 숲에 구구로 있을 일이지!" 현이 빙글거려 가며 말했다. "아마 장모한테 가다가 저리되었을 거예요. 미국 사위들은 장모 귀신 때문에 골머리를 앓거든요." "아무리 장모가 무섭기로 목숨까지 걸 거야 없잖아요." "목숨을 걸래서 걸겠습니까? 이 산속 짐승들이야 여기가 저네들 세상인 걸요. 이 산을 사람들이 개발이다 무어다 하며 무단히 잘라내고 허물고 아스팔트로 개닥질치고,

이렇게 잘났다고 차를 왕왕 몰고 다니는 인간들이 문제지요. 다람쥐나 사슴이나 노루나, 여우, 토끼들에게는 이 길이 그저 자기네들 세상이지요. 그저 자기네 세상을 제 세상으로 알고 다니다가 이런 꼴을 당하는 거지요. 인간이 염치없는 침략자요 약탈자인 겁니다. 그리고 살생자들이지요." 현의 대답은 어쩔 수 없는 깊은 자탄이었다.

숲은 더욱 깊어지고 길은 이어지는데, 눈발이 날리기 시작했다. 그렇게 날리던 눈발은 얼마쯤 지나자 함박눈이 되었다. 깊은 산속에는 먼저 내려 쌓였던 눈까지 얹혀 발이 빠질 만큼 눈이 깊었다. 산속 설경은 새로운 감동이었다. 현의 별장에 도착한 것은 땅거미가 짙어질 무렵. 집 둘레는 사과밭이었다. 옆에는 실개천을 낀 웅덩이가 있었고, 넓직한 발코니에서는 산골 저편 마을이 건너다 보였다. 이층 목조건물에 벽난로가 있어 현은 곧 불을 지폈다. "두 분은 꼼짝 말고 불이나 쬐고 계시지요." 현이 그렇게 이르고 부엌으로 간 뒤 도마 소리며 음식 향기가 은은한 가운데 오디오에서는 모차르트의 클라리넷협주곡이 나직하게 흘렀다. 벽난로의 불길은 세차게 타오르는데 어디선가 전신을 감싸는 향기가 방안 가득 스며들었다. 몽롱했다. 영혼이 너울너울 어디론가 날아가고 있었다. 저승인가…… 하늘인가……, 다시는 깨어나고 싶지 않은 몽롱함이었다. 사람도 없고 소리도 없고 오직 향기뿐이었다.

얼마 만에 집주인이 다가왔다. “만찬 대령입니다!” 향기에서 벗어나는 것이 쉽지 않았다. 현이 웃었다. “차멀미에서 벗어났습니까? 길이 꽤 멀었지요. 자아, 식당으로 가시지요.” “그런데…… 이 향기가 어디서 오는 향기……?” 나는 가까스로 정신을 수습하고 물었다. “아! 사과나무 향기예요. 과실수는 해마다 전지를 해야 하거든. 가을이면 사과나무를 전지하고 그렇게 잘라낸 가지가 많아 그걸 벽난로에 때는데 그 향기가 아주 괜찮지. 사과나무는 열매만 주는 것이 아니고 이렇게 잘린 가지로 향기를 선사하는 신비한 나무야.” 아! 사과나무……, 사과나무의 잘린 가지가 벽난로에서 불이 되어 이렇게 아련하고 신비한 향기를 내어 주다니 -.

현의 생선요리는 놀라웠다. 어느 일류 레스토랑이 자랑하는 메뉴 중에서도 먹어 본 일 없는 황홀한 풍미였다. 아내가 한국요리책을 쓸 만큼 요리에 일가견을 이룬 사람의 맛이었다. 가자미와 연어를 굽고 찌고 자기 식대로 버터에 지진 버터 향기 또한 새로운 맛이었다.

산속의 밤은 차고 맑았다. 눈이 멎은 뒤에 중천에 달이 가득 찼다. 유리창에 쏟아지는 달빛이 사무치도록 시리고 맑았다. 현이 잠깐 가게에 갈 일이 있다면서 우리보고 함께 가지 않겠느냐고 물었다. 따라나서면서 이 산속 어디에 무슨 가게가 있을라나……, 가게가 있는 마을까지 가려면 한참을 걸리겠지. 이 산속에도 미국

어디나 널려 있는 슈퍼마켓이 있겠지. 그런데 차는 갑갑할 만큼 천천히 굴렀다. 후배가 입을 열었다. "이렇게 가다가는 걷는 것이 빠르겠네요. 눈길이라 조심스럽기는 하겠지만-." 현의 친구가 대답했다. "이 친구, 마을 주인들한테 혼날까보아 되게 조심하지요." "아니 집이 한 채도 보이지 않는데 이 마을에 주인이 있다고요?" "이 친구한테 주인은 사람이 아니라 오소리, 토끼, 노루, 사슴, 여우들이에요. 그들이 놀랄까보아 조심하는 거지요." 현이 말을 이었다. "할 수만 있으면 헤드라이트도 켜지 말아야 해. 그런데 오늘은 눈이 쌓여서 좀 위험해." 천천히 굴러가는 차 안에서 우리는 숨을 죽였다. 현의 말을 증명하듯, 이따금 전조등을 가로질러 가는 오소리며 너구리가 있었다. "아까 도착하기 전에 장을 보아 둘걸……." 불빛에 놀라서 겅정거리는 너구리며 오소리에게 미안해하며 현이 한숨을 쉬었다. "이렇게 얼마를 더 가야 마을이 나와요?" 후배가 물었다. "마을이라니요?" "가게에 간다고 하셨잖아요?" "이 산속에 더는 마을이 없어요." "그러면 가게는요?" "곧 나타납니다." 얼마 만에 기찻길이 나타났다. 눈 무더기 속에 철길이 보였다. 차가 건널목을 건너자 갑자기 눈앞이 환해졌다. 백설의 눈 세상이 눈을 반짝 뜬 듯 밝았다. 기찻길과 연결된 작은 정거장, 역사驛舍였다. 아니, 웬 기차역? 그런데 그 동화 속의 정거장에서 따뜻한 불빛이 흘러나왔다. 작은 가게가 된 기차역이었다. 아주 작은 가게가 된 기차역. 반가움과 놀라움으로 가슴이 먹먹했다. 문 안으로 들어서자, 오래간만에 손님을 만난 듯 갖가지 물건들이 아기자기 웃으며 반겼다. 음료수 병들, 여러 가지 캔, 아롱다롱 그림의 초콜릿이며 쿠키, 그리고 색색가지로 진열된 캔디 병들. 가게 주인은 사람이 반가워 못 견디겠는지 엄청나게 큰소리로 고객을 맞았다. 현은 포도주, 맥주, 담배와 안주 감을 주섬주섬 챙기다가 우리를 돌아보았다. "무엇 필요한 것 있으면 골라 넣어요."

가게 안을 가득 채운 것은 달콤한 향기였다. 그 향기에 잠겨 아무것도 보이지 않았다. 소리도 들리지 않았다. 옛날 이 산마을에 살던 사람들은 마지막 기차를 타고 어디로 갔을까. 캔디 가게가 된 기차역은 슬픔과 근심을 지워주는 지우개가 있는 가게, 시간이 달아나지 못하도록 시간과 손을 잡고 이야기를 풀어 주는 가게였다. 나는 현이 건네주는 사탕 하나를 입에 물고 밖으로 나왔다. 달빛이 가슴 깊은 곳으로 시리게 스며들었다. 달빛은 시린데 뺨으로 흘러내리는 눈물은 따뜻했다. 삶은 어떻게 이리 서러우면서도 아름답고 이렇게도 달콤하면서 애달픈가.

다음날, 나는 다음 지역으로 가야 할 비행기를 놓치고 말았다. 허둥지둥 셔틀 비행기를 얻어 탔지만 보스턴 공항에서 만나기로 한 사람과의 약속은 어긋나고 말았다.

다음해 봄에 뉴욕에 다시 들렀을 때, 점심을 함께하러 나온 현은 아내의 묘지에 세워 줄 비석의 설계도를 들고 있었다.

# 별바라기

별이 모두 어디로 숨었는지 보이지 않는다. 어렸을 때, 별이 총총한 밤하늘은 손을 뻗으면 물들듯하던 청람빛이었다. 이제는 깊은 산골이나 천문대로 찾아가지 않으면 옛날 별을 만날 수가 없다. 얼마 전까지만 해도 산골이 얼음에 잠기는 날의 밤하늘은 청청한 청람빛에 별이 도란거렸다. 몇 억 광년 저쪽 은하계 어디선가 별들끼리 주고받는 빛과 빛의 부딪침이 우주의 방울 소리가 되어 흔들려 왔었다.

전기가 이어지지 않는 깊은 산골에는 아직 아무것도 섞이지 않은 어둠이 있다. 별은 어둠을 받쳐주고 어둠은 별을 더욱 영롱하게 만들어주는 밤이 있다. 산골짝의 깊은 밤은 침묵이고 적막이며 묵념이다. 그 침묵과 적막 속에 서 있으면 영혼의 윤곽이 서서히 살아난다. 겨울 밤 하늘에서는 여름 밤 하늘에서 볼 수 없었던 먼 자리의 별까지 다가온다. 멀리 헤어져 있던 그리운 이의 소식으로 다가오듯 - .

어둠이 더 먼 하늘, 더 깊은 하늘을 만나게 해 주는 것은 신비다. 어둠만이 궁창穹蒼이라는 언어의 뜻을 바르게 알려 준다. 더 멀고 더 깊은 것을 만나게 해 주는 어둠의 신비. 아득한 밤하늘에서 떠난 별빛이 속살을 드러낸 겨울 숲으로 내려오는 것도 추위가 절정을 이루는 겨울 한철뿐이다.

살과 뼈가 얼어붙을 듯한 추위의 깊은 어둠 속에 서 있으면, 삶의 군더더기가 한 겹, 한 겹 벗겨지며 영혼은 그제서 헐렁하니 가벼워진다. 우주 저쪽에서 출발한 별빛이 나에게까지 이르는 데 걸리는 시간이 우주의 나이보다 더 걸린다는 것을 생각하면, 별빛을 만나는 그 자리가 영원이 되는 이치를 몸이 받아들인다.

우리는 "수십억 년 전의 폭발로 생을 마친 어느 별을 기리고, 그 별의 죽음 덕분에 우리들 인간의 존재를 되새길 기회를 얻는다."라고 한 어느 과학자의 지론을 안고 오늘도 겨울이 끝나지 않는 산골에서 별을 만난다. 우주론자 '마틴 리스'는 "지구에서 성립되는 자연법칙은 별에서도 똑같이 성립된다."라고 하며 "모든 원소가 별의 내부에서 수소와 헬륨이 핵융합 반응을 일으킨 결과로 발생, 이런 표현이 조금 거슬릴지 몰라도 인간은 별이 남긴 원자

쓰레기, 우리는 모두 별이 남긴 먼지"라고 했다. 쓰레기나 먼지가 아닌 좀 더 친근한 표현을 빌리자면 우리는 모두가 별들의 자식이라는 뜻이다.

요즘 지구 곳곳에서는 원자로原子爐 때문에 발생하는 문제로 뉴스 시간이 조용할 날이 없다. 전기를 아낄 줄 모르는 남한南韓 땅에서는 제대로 된 밤을 만나지 못한다. 밤하늘을 죽이고 별빛을 몰살시킨 대도회大都會는 밤이면 거만한 취기醉氣에 흔들거리며 온갖 범죄에 시달린다.

어둠을 죽인다고 빛이 되는가. 참 빛은 어둠 속에서 태어난다. 어둠을 쫓아내는 대도회의 밤, 눈을 부릅뜬 도회지는 인간을 미치게 만든다. 온갖 편리에 중독되면서 사람들은 먼 데 것을 바라보는 기능을 잃었다. 이제 우리 아이들에게는 밤하늘도 없고 별 하나의 추억도 없어진 지 오래고, 먼 곳을 바라보는 아름다움이 무엇인지 영영 잊어버린 지 오래다. 밤하늘의 영롱한 별빛, 아득한 수평선, 여름 하늘의 뭉게구름……. 그렇게 먼 곳을 바라보는 무욕無慾의 평화를 미련 없이 버린 지 오래된다.

티브이, 전자오락은 이미 구닥다리, 컴퓨터, 스마트 폰에 영혼을 팔고, 흙으로 빚어진 육체로 살면서 흙을 밟거나 흙을 만지는 일 없이 살아간다. 내 아이들을 그 물기 없는 메마른 시간 속에서 끌고 나와, 깊은 산속 밤하늘 아래 별빛을 바라보게 만들 수는 없을까. 먼산바라기, 수평선을 바라보며 얼마든지 혼자 서 있는 시간,

일몰日沒의 땅거미 속에 홀로 앉아있는 시간 속으로 초대할 길은 없을까.

겨울 하늘의 별을 만나러 나와 있으려니, 저 멀리 시베리아의 바이칼 호湖가 얼어붙으며 갈라지는 소리가 환청幻聽으로 들린다. 추위에 떨듯 아슴아슴한 별빛 저쪽으로 바이칼 호를 발치에 둔 산골마을 리스트비얀카의 풀꽃 소녀가 보인다. 벌써 20여 년이 흘렀다. 서울서 하바로프스키까지 여객기로 3시간, 다시 하바로프스키에서 기차로 70시간을 달려가 도착한 시베리아 한복판 도시 이르쿠츠크에서 다시 배를 타고 들어간 곳에 산골 마을이 있었다. 마을은 끝이 보이지 않는 바이칼 호를 발치에 두고 숨을 죽인 듯 조용했다.

한여름 8월이었지만 덧옷을 걸쳐야 할 만큼 산골은 선선했다. 우리나라 화전민의 너와지붕처럼 야트막한 집들은 울타리가 없었다. 대문 비슷한 번듯한 문도 보이지 않는 집들이 몇 채 흩어져 있는 마을. 그 마을 아이들은 거의가 맨발이었다. 행색이 저희들과 전혀 다른 관광객들을 보자 여남은 명의 아이들이 "추잉껌! 캔디!"를 외치며 매달렸다. 사람마다 주머니를 털어 잔돈이며 간식거리를 주자 아이들은 좋아라고 받아든 뒤에 흩어졌다. 산골 마을 길은 다시 호젓해졌다. 그렇게 한적한 길을 생각에 잠겨 걸어 내려오는데 누구인가가 소매 끝을 넌지시 잡아끌었다. 돌아다보니 가녀린 소녀였다. 한 묶음의 풀꽃을 들고 있는 금발의 소녀는 그윽한 눈으로 나를 올려다보며 방금 따 모은 듯한 꽃묶음을 말없이 나에게 건넸다. 보라, 분홍, 노랑이 섞인 풀꽃에서는 진한 풀 향기가 흔들렸다. 꽃묶음을 받아들며 소녀의 손을 잡았다. 너무 가냘퍼 가시 같은 손이었다. 꽃을 받아들고 소녀의 맑은 눈을 바라보고 있노라니 바이칼 호보다 더 깊은 눈물이 내 가슴에 이랑을 만들었다. 우리는 우주 공간 어느 별에서 만난 인연이었을까. 소녀가 바라는 것은 추잉껌도 캔디도 아니었다. 그 눈은 미지의 세계에 대한 동경으로 아득해진 눈이었다. 나는 목에 걸고 있던 볼펜을 건네주며 소녀를 가슴에 품었다. 우리는 눈으로 말했다. "소녀야, 이제 오늘 밤부터 너와 내가 하나가 되면서 생긴 별이 하늘에 뜰 거야. 우리가 어디에 있든지 함께 바라볼 수 있는 별. 우리는 헤어져야 하지만 이제부터 우리는 그 별 속에 함께 사는 거야. 언제까지, 언제까지나……. 소녀야, 만남의 신비를 어떻게 사람의 말로 설명을 하겠니. 만남의 신비는 오성悟性을 뛰어넘지. 칼날 같은 이성理性도 인식認識의 빛도 그 비밀한 신비를 알아 낼 수는 없지. 우리가 잠깐 만나고 헤어지지만 네 영혼은 그 뜻을 알게 되었을 거야. 나는 이제부터 너에게 틈틈이 편지를 쓸 거야. 별빛으로만 읽을 수 있는 편지를……. 밤하늘의 별을 바라보면 내가 쓰는 편지를 읽을 수 있게 될 거야……." 갈 길을 재촉하며 기다리던 차에 급하게 오를 때, 소녀는 눈물 글썽한 눈으로 나를 전송했다. 시베리아 바이칼의 풀꽃 한 묶음은 그렇게 짧은 만남으로 끝났지만 내 가슴에는 새로운 별 하나가 떴다.

이르쿠츠크에서 떠난 시베리아 관통 기차가 벌판을 달릴 때, 자작나무 숲은 어둠 속에서도 끝없이 이어져 흐느끼는 옷자락처럼 달리는 기차에 매달려 오는데, 아아, 시베리아 밤하늘의 영롱한 별들은 밤기차의 차창으로 쏟아져 들어왔다. 시베리아 툰드라는 한밤 내내 저렇게도 영롱한 별빛을 받아 모았다가 아침 해가 솟으면 저 한없이 넓은 평원에 갖가지 들꽃으로 피어나는가 보다. 바이칼 리스트비앙카의 여덟 살 소녀는 그렇게 핀 들꽃을 꺾어 나에게 건넸던가. 그리고 밤이 되면 그 들꽃들은 다시 금빛 은빛 별들로 살아나 밤하늘로 떠오르는가. 이 겨울 지금쯤 얼어붙은 바이칼 위로 눈은 몇 자나 쌓였을까. 바랄라이카를 켜듯 흐느끼는 바이칼 호의 겨울바람 소리를 들으며 소녀는 무슨 꿈을 꾸고 있을까. 귀국 후에도 나는 별을 찾아 자주 산골로 찾아갔다.

무슨 인연이었을까. 소녀가 건넨 풀꽃을 들고 옴스크 행 기차를 탄 뒤에야 나는 그 풀꽃더미에서 너무도 반가운 꽃 한 가지를 발견했다. 탐스러운 보라색 꽃망울 꽃을. 영락없는 클로버였는데 잎도 재래종보다 네댓 배나 컸고 꽃도 연보라색 꽃이 크고 탐스러웠다. 그 꽃을 집 근처에서 발견한 것은 러시아로 떠나기 전 해 여름이었다. 차들의 내왕이 시끄러운 큰길가에서 먼지를 뒤집어쓰고 있는 처음 보는 꽃이었다. 아무래도 클로버 과科의 풀이기는 했겠지만 탐스럽고 귀해 보여 몇 뿌리를 캐어 집 울타리 밖에 심었고 고시란을 해주었더니 잘 퍼져 꽃을 피웠다. 신기해서 모셔온 풀이기에 흙을 북돋우어 주고 부엽토까지 둘러 주었더니 실하게 퍼져 울타리를 이루었다. 도대체 언제 어디서 우리나라 우리 집 근처에까지 흘러왔을까. "너는 어디서 살던 꽃이니? 네 본래 집은 어디였니? 누구 손에 들려 여기까지 온 거니?" 그렇게 신기해하던 풀꽃을 시베리아 여행길에 올라 소녀의 풀꽃더미 속에서 보랏빛 클로버 꽃을 만날 줄이야!

하바로프스크에서도 장장 4천3백5십여km, 1만 1천 리를 달려간 바이칼의 산골마을에서 만난 소녀가 건네 준 꽃다발 속에서, 바로 그 꽃이 나를 반길 줄이야! 보랏빛 클로버는 시베리아의 겨울 철새가 씨를 물어다 준 것일는지도 모른다. 아니면 용감한 씨앗 하나가 눈벌판 바람을 타고 홀로 따뜻한 남쪽나라를 찾아온 것일는지도 모른다. 8월의 시베리아 벌판은 들꽃의 낙원이었다. 겨우내 깊이깊이 얼어붙었던 툰드라 얼음 벌판을 녹이면서 태양과 바람과 새들과 나비, 그리고 땅속의 두더쥐, 들쥐와 벌들의 잔치를 수줍게 마련한 들꽃낙원이었다. 내 집 울타리까지 찾아와서 꽃을 피웠던 보랏빛 클로버 꽃은, 바이칼에서 만나게 될 소녀와의 해후를 미리 알려 준 전령傳令이었을까.

문명의 편리와는 전혀 상관없는 산골 마을에서 이 겨울을 보내고 있을 소녀의 영혼은 지금도 별빛을 타고 내게로 다가와 이 세상에는 없는 아름다운 소식을 전해준다. 겨울의 깊은 밤, 머나먼 별빛 속에서 영혼의 군더더기 없는 나 자신의 가난한 영혼과의 해후를 이룬다. 지금쯤, 바이칼 리스트비앙카의 나무들은 한여름 푸른 계절보다 더 아름다운 빙화氷花를 함빡 피웠겠다.

# 2.
# 서러움도 아름다운 깊은 밤

# 거기, 등황색 등불이

한여름 더위가 가실 무렵인 8월 하순인데 그 길은 짙은 안개 때문에 앞이 보이지 않았다. 가도 가도 목적지가 멀었는지 구불구불 휘어진 시골길은 끝이 없었다. 참다못해, 새벽같이 들이닥쳐 안내를 자청한 복덕방 사람에게 볼멘소리를 하지 않을 수 없었다. 아직도 멀었습니까? 다 왔다는 흰소리를 듣고도 한참 만에야 승합차는 어느 후미진 대문 안으로 들어갔다. 주차장은 초록 수목이 터널을 이룬 대문을 지난 언덕 위에 있었다.

차에서 내려서는 순간 싱그러움이 전신을 감쌌다. 눈부신 아침 햇살 가득한 장원莊園! 몽환의 세상을 거쳐 갑자기 영혼의 눈이 열린 듯 환해졌다. 전신이 찬탄讚嘆이었다. 눈 둘 곳이 따로 없었다. 아침 햇살 속에 열린 장원에는 갖가지 과실수가 지천이었다.

제철 포도송이가 주렁주렁, 자두, 블루베리, 배, 호도, 밤나무에다, 산자락에 자리 잡은 매화밭이 넓었다. 매화밭, 꿈속에서 그리던 정원이었다.

욕심 부릴 처지도 아니었건만 우여곡절 끝에 서둘러 시월에 이사를 했다. 그리고 지루한 겨울을 건너면서 매화를 기다렸다. 매화. 이름만 입에 담아도 전신 가득 물드는 향기. 삭막한 겨울은 매화를 기다리는 기다림의 향기로운 퇴적층堆積層을 이루었다. 혹독한 찬바람에, 휘어져 꺾일 듯 부러질듯 하던 삭정이에 꽃눈이 눈뜨니 세상은 봄소식으로 가득 찼다. 매화 꽃눈이 벙글고 하나 둘 꽃이 터지니 하늘도 땅도 흐드러졌다.

야생화들이 미처 새 잎을 내밀기도 전에 매화는 꽃구름을 이루었다. 그 그늘에 들어서면 전신이 향기에 감싸여 영혼이 무릎을 꿇었다. 전신이 녹아들고 삭신이 물이 되어 어디론가 흘러갔다. 그러나 꽃은 너무나 아름다워 덧없고 야속하고 애련했다. 영혼의 애틋한 손짓을 뒤로하고 그렇게 꽃은 떠나갔다. 봄이 무르익어 개나리가 인사를 하고 진달래가 피어나 눈웃음을 보내오고 벚꽃이 만발할 무렵이면 매화는 향기를 거느리고 자취를 감춘다. 꽃잎 흩어지면 그만인가…….

그렇게 허무해질 때쯤이면, 헛헛해진 마음을 달래주듯 꽃잎 떨어진 자리에 녹두알만 한 열매가 맺힌다. 다른 봄꽃들이 열흘을 못 견디고 허망하고 무참하게 이지러질 무렵이면 매실은 푸르고 단단한 열매를 매달고 유월을 맞는다. 그토록 여리디여린 꽃으로 향기를 전하던 꽃이 시름없이 떠난 뒤에 어떻게 그리 여물고 단단한 열매를 맺는지! 바라보고 있으면 가슴이 울렁거린다.

그때쯤이면 사람들이 매실청을 만들겠다고 저마다 열매를 탐내어, 매화밭으로 달려든다. 손에 닿는 것은 따고 훑어내고 발돋움쯤은 애교, 그러고도 아쉬워 고개를 한껏 젖혀 아슴아슴 높은 가지에 달린 것을 바라보며 안달을 하다가 드디어는 장대를 휘둘러 열매를 털어내고, 사다리를 버텨놓고 한 알이라도 놓칠세라 욕심을 부린다.

사람들은 매화 가지 사이로 눈부시게 열린 유월의 하늘이 얼마나 아름다운지 아랑곳하지 않는다. 매실에만 눈이 뒤집힌다. 세상에……, 그 기나긴 겨울을 견디고 누구보다 먼저 꽃을 열어 봄을 알리고 신비스러운 향기로 심령心靈에 스며들고 열매까지 안겨 주는데……, 사람은 어쩌자고 그토록 악착스럽게 열매를 훑어가는지 -. 하동 근처 광양 일대에서 시작된 매실이 가난하던 생계를 풍요롭게 만들어 주었다는 신화神話에다, 매실이 건강에 좋다는 소문이 사람들을 들뜨게 만들었기로서니, 매실을 거두는 사람들의 행태를 보면 가슴이 아리다.

자연을 마구 약탈한 약탈꾼들은 그렇게 바구니마다 열매를 가득 채우고 그러고도 성에 차지 않아 더 높은 가지에서 눈을 떼지 못하고 안달 안달이다. 인간의 탐욕은 으레 잔인으로 이어진다.

더 높은 가지에 매달린 열매를 거두지 못한 욕심의 끝자락을 끌고 바구니를 들고 돌아오면 그때부터 다시 분주해진다. 헹군 항아리를 다시 점검하고, 씻어 건져 물기를 말린 매실 꼭지를 따는 일은 당연한 일. 다음에는 굵직한 바늘을 들고 달려든다. 웬 바늘? 놀라서 바라보자니, 쭈그리고 앉아 매실 하나 하나에 바늘집을 내거나 칼집을 내느라고 바쁘다. 기겁해서 왜 그러느냐 물었더니 그렇게 해야 매실 열매가 빠르게 즙을 많이 낸다는 것. 아아, 인간의 이악스러움이라니 - 어디쯤이 끝일까. 그 후로부터 현지에서 파는, 바늘과 칼집이 스쳐갔을 매실액이 반갑지가 않았다. 우리 집 정원이라고 매실 철이 조용할 리 없었다. 열댓 그루 청청한 나무를 보고 간 친지들이 매실 철을 목 늘여 기다리다가 달려들었다. 저마다 욕심껏 자루 아가리가 터지도록 거두어갔다. 그들이 돌아간 뒤, 더러는 가지가 꺾이고 더러는 잎이 흩어져 지쳐 늘어진 나무를 보고 미안했다. 나무 둥치를 만져주며, '잘 참았다, 잘 견뎠어!' 가만히 위로해 보았지만 쓰린 마음은 쉽게 달래지지 않았다.

산이 빽빽해질 만큼 나무들이 무성해지고, 여름이 장마 소식을 몰고 올 때쯤이면, 매화밭에는 풀들이 무성해진다. 아우성치며 매실을 탐하던 사람들이 흩어져 사라진 언덕은 홀가분하고 고요하다. 언제 그런 일이 있었더냐 싶게 나무들은 다시 청청하게 여름살이를 시작한다.

그렇게 여름이 시작된 한밤을 지내고 새벽에 일어나 무심하게 기지개를 켜던 어느 날, 갑자기 눈앞이 환해졌다. 이 새벽에 웬 등불이? 매화밭 곳곳에 앙증스러운 등불이 켜져 있는 게 아닌가? 아주 조그맣고 예쁜 등황색 등불이 여기저기 밝혀져 있었다. 푸른 풀밭에 드문드문 켜져 있는 등황색 등불이라니……. 눈을 비벼 본다. 그 등황색 등불 빛으로 이슬과 풀밭은 더욱 영롱해지고, 그 등불은 밤새도록 그렇게 새벽을 기다리며 매화밭을 지키고 있었던가. 가슴까지 따뜻해졌다.

숨을 죽이고 가만가만 다가가 보니, 그것은 노랗게 익은 매실이었다. 높은 가지에서 제 날수를 채우다가 제물에 농익어 풀밭으로 내려온 매실이었다. 그 작은 등불들은 풀밭의 푸른빛을 더욱 빛내고, 새벽은 그 자잘한 등불로 아롱다롱 열렸다. 제 몸에 좋다고 약탈하듯 털던 매실이 아니라, 제물에 빛을 얻은 열매의 아름다움이 순리順理를 가르쳤다.

등황색 등불이 밝혀진 풀밭으로 계속 들어가면 앙증맞은 등불이 꺼질세라 가까이 다가가지 못하고 멀리 두고 바라보며 한낮이 되었다. 해가 중천에 이르자 풀밭도 싱싱함을 잃고 농익어 떨어진 매실도 빛을 잃었다. 다음날 새벽, 새벽이슬을 밟고 한동안 등불을 바라보기만 했다. 그리고 우주의 정기가 알알이 배어있는 불빛을 가슴에 담았다. 그런 뒤에 조심스럽게 새벽 풀밭의 등불을 한 알 한 알 바구니에 담았다. 농익은 매실에 닿는 손길이 기쁨으로 떨렸다. 남들이 듣지 못하는 하늘 소식을 바구니에 담듯 뿌듯하고 감사했다. 약탈이 아니었다. 착취도 아니었다. 자연이라는 어머니가 건네주는 사랑을 순리로 받는 순응의 기쁨이었다. 순응의 삶에게 안겨지는 평화와 감사였다. 사람 손이 닿지 않는 높은 가지에 열렸던 열매의 가르침은 기다림과 순응과 감사로 가득 찬 삶이었다. 조용하게 등황색 불빛으로 다가온 밀회의 기쁨이었다. 거기 등황색 등불이 - .

# 낙조 앞에 무릎 꿇고

동해바다의 일출이 환희와 희망이라면 서해의 일몰은 경건이고 장엄이다. 그믐날 새해맞이 일출을 향하여 사람들은 바닷가 곶으로 달려가 어둠과의 작별에 한 밤을 보낸다. 새 생명이 태어날 때, 모체에서 이슬이 비치듯 수평선이 분홍빛으로 물들면 기다림으로 넘실거리던 가슴이 터질듯 부푼다. 그리고……. 드디어 우주의 기운을 한몸에 담은 태양은 만상萬象을 향하여 찬란하게 현신한다. 해는 바다에서 그렇게 매일 태어나도, 바다와 태양의 매일은 연속이 아니라 영원을 향한 약속이다. 그래서 태양을 분만한 바다의 한낮은 후산後産 뒤끝의 휴식처럼 잔잔하다.

바다는 길이 아니라 품이다. 돛단배 하나 띄워놓고 귀를 기울이는 어머니의 품이다. 때로 슬픔으로 몸부림쳐 울고 때로 폭풍 앞에 노염으로 일어서는 바다는 어머니다. 바다는 나의 모체인지도 모른다. 어머니의 자궁은 바다였을까. 바다는 태초에 생명체의 자궁이었을까. 나는 어머니의 바다 같은 자궁에 잠겨 삶을 꿈꾸며 열 달을 숨죽여 기다린 것일까. 그 십 개월의 꿈은 개체의 꿈으로 각자의 삶을 준비한 것일까. 그래서 바다를 향한 그리움은 본향本鄕을 향한 그리움일까.

바다에 발을 잠근 우리나라는 육지가 못다 한 남은 말처럼 수천 개의 섬이 느낌표로 떠 있다. 그 섬들이 매일 수천 번의 일출로 환희를 노래하고, 수천 번의 낙조 일몰로 경건을 가르친다.

해맞이가 벅차서 나는 이따금 저녁 바다를 찾아간다. 백사장에 앉아 일몰을 준비하는 저녁 해를 무연하게 바라보노라면 한 생의 신산도 뜨겁던 어울림도 회한의 그림자도 가뭇없이 스러진다. 애탄개탄의 조각들이 낙조에 이끌려 바다 속으로 잦아든다. 낙조……, 이승을 떠날 때 그렇게 갈 수만 있다면 - 낙조의 바다는 만상이 무릎 꿇게 만드는 경건, 그리고 숨지는 장엄이다.

바다의 장엄이 그리워도 나는 여름 해안海岸을 찾아가지 않는다. 들끓는 사람들이 무서워서다. 층층 콘크리트 상자 속, 아파트라는 이름의 거처에서 편리에 중독되어 살고 있는 사람들이라고 바다에 대한 그리움이 없겠는가. 그들도 바다에 몸을 담고 바다를 숨 쉬고 본향을 그리는 본능에 젖고 싶지 않겠는가. 하지만 너도 나도 바다로, 바다로 숨차게 달려가는 여름이 두렵다. '일 년에 단 한 번 여름휴가! 아웃도어 브랜드를 챙겨라! 패션 감각까지 살린 바캉스 룩! 기능성 의류에 모자도! 먹는 재미를 위해 갖가지 새로 출시된 음료를!' 그렇게 가지가지 숨차게 챙긴 것을 끌고 모두들 바다로 달려간다. 백사장을 빽빽하게 메운 비치파라솔. 하지만 알락달락 촘촘한 파라솔을 거쳐 간 기슭은 마치 가난할 때의 섣달그믐날 목욕탕처럼 맨몸 맨살로 가득해 그런 해안이 무참하다. 해양레포츠센터에서는 윈드서핑, 요트, 카약, 래프팅, 바나나보트, 카이트보딩 등 해양스포츠도 가지가지. 피서객들을 안심시키기 위해 해파리를 막는 대형 차단망까지 설치한다. 피서객은 왕이다. 엄엄하게 푸르고 깊은 바다의 수만 가지 생명신비와 아름다운 비밀하고는 상관없는, 바다 기슭만 휘젓다가 돌아가는 무식한 왕이다.

그리고 끔찍한 것은 그렇게 피서객들이 기껏 즐기고 떠난 뒷자리. 그렇게 한철 질탕치게 놀다가 떠나간 뒷자리의 쓰레기산이다. 몇 날 며칠 놀면서 먹고 마시고 쓰고 버린, 아아, 그렇게도 많은 종류의 쓰레기를 버리고 떠난 해수욕객들도 뉴스 화면에 뜨는 그 쓰레기의 장면을 보련만. 그것을 치워 줄 사람이 있겠거니 당연한 것처럼 보아넘기는 양심은 화인火印을 맞았을까. 쓰레기가 해안에만 버려질까, 매일 매 순간 육지에서 버려지는 쓰레기를 땅속에다 더는 처리할 수가 없어, 언제부터인가 바다에다 쓰레기를 처넣고 있다. 쓰레기를 치워야 하는 사람 몫이 따로 있고, 한철 장사로 한해살이가 된다는 장사꾼들의 몫이라고는 하지만, 바다를 즐기겠다고 찾아간 인간이 해작질한 현장은 죄악이요 비극이다. 어떻게 그럴 수가……. 매일 먹고 마시고 입고 쓰며 싸고 버려, 지구는 미구에 쓰레기로 덮이고 말 것이다. "인간은 고도로 창의력이 있는 종種이면서 또한 가장 약탈적이고 파괴적인 부류의 종이다." 존 그레이(John Gray)의 단정은 잘못된 것이 아니다. 지구라는 초록빛 별이 이제 더는 초록빛으로 빛나지 않는다. 지상 쓰레기. 바다에다 처넣는 쓰레기. 땅과 바다가 모자라 하늘에도 쓰레기가 널리고 있다. 계속 쏘아 올리는 인공위성으로 점차 우주에도 쓰레기가 늘고 있다. 우주선에서 분리된 부분은 불타 없어지는 것이 아니라 우주쓰레기로 남고, 그렇게 지구 궤도를 돌고 있는 것들이 적지 않다. 2003년 우주 왕복선 컬럼비아 호의 폭발 원인 중 하나도 로켓에서 떨어져 나가 우주쓰레기로 떠돌던 파편이 원인이었다. 수명이 다한 위성이나 로켓 파편은 3천5백만 개가 넘는다. 인간이 자동차 선박 비행기로 미친 듯이 다니면서 마구잡이로 공기를 더럽혀 오존층이 깨어지고 북극이 녹고 있다.

사람들이 몰려 왔다가 휩쓸려 가버린 해안은 고요하다. 바다도 한숨을 쉬고 모래사장도 숨을 고른다. 그렇게 숨을 고르는 모래사장에 몸을 뉘고 수평선을 향해 잠잠하게 내려가는 해를 바라보면,

전신이 모래사장 모래 알알의 속삭임을 듣는다. 수천 수억 년을 두고 사랑을 고백한 바다에게 전신을 맡긴 모래사장. 그렇게 백사장에 누워 있으면 바다를 닮은 사람의 고백이 그립다. 바다는 지금도 끊임없이 모래톱을 쓰다듬어 다하지 못한 고백을 이어간다. "파도야 어쩌란 말이냐. 파도야 어쩌란 말이냐. 임은 뭍같이 까딱 않는데 파도야 어쩌란 말이냐……." 유치환의 애끓는 고백도 들리고 - 바다는 고백을 이어가는 파도로 모래를 쓸어가며 지금도 이야기를 이어간다. 모래밭은 바다에게 전신을 맡겨 그 손길에 이끌려 깊은 곳으로 깊은 곳으로 내려가며 - 바다와 모래밭은 그렇게 이야기를 이어간다.

그런데 얼마 전부터 백사장이 사라져가고 있다. 해안 침식이 심해지면서 백사장이 스러지고 있다. 해안 침식은 파도가 바닷가 모래를 쓸어가는 과정을 의미한다. 백사장은 바다 홀로 만든 것이 아니라, 육지의 여러 강줄기에서 흘러내려온 모래가 바다로 먼저 내려간 모래에 얹혀 평형이 이루어진다. 그렇게 이루어진 백사장은 바다도 한숨 돌리고 육지도 바다를 향해 서둘지 못하게 만드는 여유 공간이고, 사람들의 쉼터가 되었다. 그런데 그 백사장이 사라져가고 있다. 이럴 수가……. 근래 기후변화로 인한 잦은 태풍과 너울성 파도가 문제라고는 하지만, 가장 큰 원인은 인간의 탐욕과 놀이문화가 모래사장을 침식하는 데 있다. 어항漁港이 늘어나고, 바다를 찾는 관광객이며 피서객들이 다니기 좋으라고 계속해서 해안도로를 만들면서 백사장에다 턱을 만들어 자연경계선을 없앤 것이 원인이다. 방파제, 직립 호안護岸, 모든 인공구조물이 하천 모래의 유입과 이동을 막아 모래사장을 침식 붕괴, 퇴적을 이루고 있기 때문이다.

바벨탑은 하늘을 향해서 쌓으려던 것만 아니라, 방파제를 만든다고 바다를 인공적으로 막아내는 바닷가에도 현대판 바벨탑이 생겼다. 그렇게 백사장이 없어져 간다. 경상북도 울진군에서 7번 국도를 따라 북쪽으로 8km 어간에 개장되었던 봉평리 봉평해수욕장의 백사장 폭은 20m에 달하던 눈부시게 아름다운 백사장이었다. 그 백사장이 불과 10년 만에 4-5m로 줄어들었다. 한국해양연구소의 계속되는 조사는 더욱 절망적이다. 경북 동해안 21개 지역 해안선 33.7km 중 19.6km에 달하는 곳의 해안이 10년 동안의 침식으로 줄어들었다는 것이 5년 전의 보도였다. 경상북도는 도내 전체 해안 중 울진(11곳), 포항(9곳), 영덕(8곳) 등에 침식 피해가 집중되고 있다고 집계를 냈다. 국토부는 이어서 200개가 넘는 해안에 대하여 침식 대비 사업이 시급한 것으로 파악하고 있으나, 예산을 투입하여 해안 구조가 바뀐 곳에 모래를 보충하는 연성軟性공법으로 모래를 퍼다 붓겠다니, 파괴되었던 자연이 그런 방법으로 회복이 되겠는가. 인간이 무엇으로 자연을 회복시킬 것인가. 손바닥으로 해를 가릴 것인가. 파도가 칠 때 육지를 보호하는 완충지대 역할을 하는 백사장이 유실되면서 바닷가의 상가, 식당, 주택 등은 태풍이 올 때마다 침수 위험에 노출되고 있으나 대책이 없다.

자연은 인간이 부리는 농간을 고스란히 당하기만 하지는 않는다. 침식으로 쓸려간 모래가 파도를 따라 다른 곳으로 이동하여 엉뚱한 자리에 모래사장을 만들어내기도 한다. 실제로 영덕군 병곡, 덕천, 대진 해수욕장 등은 해안 침식으로 백사장이 사라지고, 인근 병곡항으로 모래가 유입되어 어선의 입출항이 어려울 정도로 모래가 쌓였다. 백사장이 없어지면 모래 속에 서식하던 백합조개 등 각종 어패류가 사라지고, 도다리 돔 등 물고기들도 점차 줄어들어 어민들의 생계도 막막해진다.

사람아, 피서객들아, 여름 한철 전신을 던져 실컷 뒹굴다가 떠나는 바다에다 무엇을 남겨 두고 가는지 돌아보라. 염치없이 팽개친 쓰레기와 뜻 없는 아우성과 함성, 취기醉氣에서 쏟아진 악취뿐. 〈어떤 상황에서도 우리는 이 행성 위에서 벌어지는 변화를 멈출 수 없다.(다니엘 퀸: Daniel Quinn)〉 초록빛 별, 지구라는 행성에서 인간이 저지르는 일들이 단순한 변화일까. 인간의 횡포에 노여움을 일으킨 자연의 분노, 도호쿠東北 후쿠시마 원전사고 - 9.0 진도의 지진과, 동시에 15m 이상의 쓰나미까지 밀어닥친 자연의 노여움이 단순한 변화였을까. 자연이 인간에게 건네는 경고가 자주 재앙으로 나타나도 잠시뿐, 인간은 이제 두려움도 부끄러움도 타지 않는다.

창천 하늘 아래 '내 것'이랄 것이 없는 인간아, 우리 서해西海의 백사장으로 가자. 그리고 일몰 낙조의 경건 앞에 무릎을 꿇자.

# 서러움도 아름다운 깊은 밤

시골 막차에는 승객이 없다. 낡아서 마냥 덜컹거리는 버스는 더러 부서지는 소리를 내지르며 시골 길을 달린다. 늦은 밤, 마을이 아득한 들판은 저승 같은데, 막차는 신작로 시골정거장에다 나를 던져주고 달아난다. 외로운 기사에게 고맙다는 인사를 건네도 대답 없이 달아나는 막차의 붉은 미등이 저만치 멀어져가고 나면, 중천을 물속처럼 만든 열하루 달이 밤길을 열어준다. 열린 길 앞에서 맑은 물에 가만히 가라앉듯 허허 벌판에서 한동안 숨 고르고 서 있다.

벌판 가득, 한창 패기 시작한 벼 이삭 향기 다시 아득한 저승 같은데, 길섶에서 여치 귀뚜라미, 온갖 가을풀벌레가 가만가만 걷기 시작한 내 걸음을 따라온다. 이승살이 내 목숨에다 가녀린 시간의 바퀴를 달아주며 함께 가자고 한다. 땀 절어 부풀었던 한여름을 달래가며 고요한 가을로 가자 한다. 체득體得을 가르칠 일 없이 혼魂으로 열리는 귀에다 가을을 알려주는 가을풀벌레들. 얼마를 이승에 더 머물게 될는지 -. 풀벌레들의 숨결이 내 들숨 날숨에 가을 무늬를 이루며 따라온다. 저승 물속 같은 논둑길, 열하루 달. 호젓한 달밤의 논둑길. 밤길을 홀로 걷게 아니하시고 풀벌레 동무 삼아 주시는 분. 그분도 분요한 대도회를 피하여 이 논둑으로 오셨는가. 그리고 나와 함께 이 밤길을 가시는가. 더러는 빠르게 속삭이듯, 더러는 지지지지 가녀리게 제 목숨을 노래하는 가을벌레들 속에서, 혹여 그분이 무슨 말씀이라도 들려주시려는가, 걸음 멈추고 서서 귀를 기울인다.

그 벌판의 논에는 친환경농법으로 '농약을 쓰지 않는 논'이라는 현수막이 여름내 걸려 있더니, 그래서 벌레들이 살아남아 밤길을 함께 가고 있는지. 어렸을 때 이 무렵이면 외가에 들러 논으로 달려든 새떼를 쫓으며 메뚜기를 잡았다. 나보다 두 살 위의 사내아이, 외사촌의 맏아들 장조카는 강아지풀 줄기에다 메뚜기를 줄줄이 꿰었다가, 한밤중에 모닥불을 피우고 노릇노릇 구웠다. 구수한 냄새를 풍기는 메뚜기 구이를 선뜻 받아먹지 못하는 나를 두고 "꼬마 아지메, 이거 얼마나 맛있는지 알아요? 이거 먹으면 운동회 때 날듯이 달려서 일등 할 수 있다고요! 자! 먹어봐요, 어서!" 놀려댔다. 벼이삭 사이사이로 날아다니던 메뚜기가 어른거려 도저히 받아먹을 수 없어서 두고두고 놀림받던 그 메뚜기가 요즘에는 어느 논에서도 보이지 않는다. 풀벌레들의 속삭임 속에서 장조카의 목소리가 아직 아련하건만 - .

봄은 나비와 벌, 물방개의 철이었다. '봄에 흰나비를 처음 보면 엄마가 죽는단다.' 시골 아이들 말에 혹여 흰나비를 만날까 보아 눈을 감고 시골길을 걷던 어린 시절이 있었다. 서울서 태어난 계집아이에게 외가며 고모가 살고 있는 시골은 잔잔한 경이의 세계였다. 실개천의 송사리와 모래무지를 잡다가 고무신을 떠내려 보내고 울며 울며 걸어가던 시골길은 숨겨진 전설이었다. 뛰어놀다가 벌에 쏘이면 어머니 뻘의 외사촌 올케는 된장 한 숟가락 척 발라주고 돌아섰다. 된장이 무슨 약이라고 - . 아무렇게나 대접 받는 것이 서러워서 집 생각하며 울고 울던 어린 시절이 있었다. 벌침 주고 달아난 벌도, 꼬리꼬리한 냄새 때문에 코를 벌름거리게 만들던 된장도 어린 생명을 뒷받침해 자라게 만들어주던 들숨들이었다.

산에서, 숲에서, 들에서, 논에서, 밭에서 저들 나름으로 살면서 더불어 어울리던 생명들이 이제는 서둘러 사라져가고 있다. 매년 5월 22일은 '국제생물다양성의 날'이다. 2010년 유엔은 국제자연보호연맹의 보고서를 통해 가슴 서늘한 뉴스를 전했다. 지금 지구에서는 한 시간에 3종種, 하루 150종이 멸종하고 있으며, 해마다 1만 8천여 종에서 5만 5천여 종의 생물이 사라지고 있다고 발표했다. 우리가 살고 있는 이 초록빛 별에서, 머지않아 65만 년 전 공룡의 대멸종 이래 최악의 멸종 사태가 벌어질는지 모른다는 예측이 난무하고 있다. 현재 생물의 멸종 속도는 자연적인 멸종 비율에 비해 최고 1천 배나 높다. 이 조용하나 심각한 재앙은 인간의 횡포가 원인이다. 지구온난화, 과학의 발달을 뽐내며 편리를 위하여 개발에 개발을 쉬지 않는 것이 생태계 파괴의 원인이 되고 있다.

2억 8천만 년 전, 고생대 석탄기에, 날개 길이 70cm가 넘는 거대한 잠자리, 참새만 한 하루살이, 고양이만 한 바퀴벌레들이 있었다는 화석이 발견되었다. 그 시기에는 대기 중 산소의 농도가 지금보다 훨씬 높은 35% 정도. 원활한 산소호흡으로, 보다 가볍게 날 수 있던 덕으로 곤충들의 몸체가 그처럼 커질 수 있었다는 것. 그런데 현대 곤충과학자들은 비관 탄식한다. '환경오염 등 또 다른 이유로 인간을 비롯한 포유류가 대부분 멸종한다면 다음에는 곤충들의 시대가 될 것이다. 우리들의 혐오 대상 바퀴벌레는 방사능에 견디는 힘이 인간의 수십 배 이상, 설사 핵전쟁으로 생물이 거의 멸종된다고 해도 바퀴벌레는 살아남을 가능성이 가장 크다.' 스스로가 지구의 영원한 주인이라고 잘못 믿고 있는 인간이 근래 곤충들에게 배우고 있는 것은 여러 가지다. 우리가 그렇게 질색하는 파리는 아무 때고 천장에 올라가 앉을 수 있는 비행기술을 자랑한다. 그 비행기술은 현대의 첨단 항공역학으로도 따라가기 어려운데, 파리처럼 이착륙이 가능한 비행기를 개발하려는 시도가 진행 중이다. 파리의 비행기술을 터득했더라면 얼마 전 아시아나의 샌프란시스코 참사를 피해 갈 수 있었을 것을……. '꿀벌을 응용한 지뢰탐지 시스템, 딱정벌레의 후각을 모방한 첨단센서, 나비의 신비로운 날개 비늘을 본뜬 도색塗色과 열 분산 시스템, 반딧불이의 발광유전자 등, 인간은 곤충에게서 많은 것을 배워가며 여러 방면의 활용을 시도하고 있다.' 곤충은 인간의 인지 능력으로는 상상할 수 없는 신비 속에 살고 있건만, 인간은 그것을 하찮게 여겨 살충제를 써서 모질게 죽이고 있구나.

몇 년 전, 덴마크 코펜하겐에서 제15차 기후변화협약 당사자국 총회를 열었고, 1997년 채택된 후 시한 만료된 2012년, 교토의 의정서를 대체하는 새로운 협약을 도출했다고 하지만, 현재 각국의 온실가스 배출은 줄기는커녕 갈수록 대책 없이 증가하고 있는 실정. 국제자연보호연맹이 몇 년 전 발표한 '레드리스트(멸종 위기에 처한 동식물 보고서)'에 따르면 지구상 포유류의 5분의 1, 양서류와 파충류 3분의 1, 식물의 3분의 2 이상이 멸종 위기에 처해 있다고 했다. 앞으로도, 정식으로 확인되고 있는 포유류 5,490종 중 79종이 멸종, 사육이나 재배 상태로만 생존하고 있는 188종의 멸종이 우려된다고 했다.

인간, 호모사피엔스는 지구가 제공하는 환경에서 다른 생물들과 함께 서식하는 생물들 중 하나에 불과한 존재일까. 단순하게 그런 종種의 하나일까. 인지발달로 지표면의 지형을 마구 훼손하고 대량생산을 위하여 제초제를 살포하여 물이며 땅을 죽여 자연을 강탈하는, 생존만을 위한 단순한 존재일까.

우주공간에서 우리의 별 지구가 다른 별 하나를 만난다. 그 낯선 별이 지구에게 묻는다.

"너 잘 지내니?"

우리 별은 힘없이 이렇게 대답한다.

"그렇지 못해. 나는 호모사피엔스를 태우고 다니거든."

그러자 그 낯선 별이 지구를 이렇게 위로한다.

까짓것 신경 쓰지 마. 호모사피엔스는 금방 사라질 거야."

– 생태주의자 예수 중에서

금방 사라지게 될 운명을 스스로 몰고 가는 것이 인간이라는 말인가. 경제개발 자본증식의 욕망으로 눈이 멀어버린 인간. 오존층이 얇아지고 대기의 온도가 높아졌고, 물은 마실 수 없이 더러워지고, 우리가 타고 가는 초록빛 지구가 신음하고, 대재앙으로 곳곳에서 곡소리가 높아져도, 자연이 주는 경고에 귀를 기울일 줄 모르는 인간. 우리는 다른 생물들과 마찬가지로 지구의 '세입자'에 불과하다. 인간이 지구라는 별의 아름답고 신비스러운 자연을 지배하겠다는 생각은 비극의 단초였다. 인간이 저 하찮은 벌레들과는

다른 존재라고 뻐기지 말자. 유전학자遺傳學者 프랜시스 콜린스의 이론을 얼마만큼 신뢰해야 할는지 알 수 없는 일이지만, 인간게놈에는 단백질을 합성하는 유전자가 대략 2만 5천 개인데, 벌레나 파리 같은 단순한 유기체나 식물을 구성하는 유전자 수도 대략 2만 개 정도로 인간과 비슷한 수준이라는 것이다. 인간의 유전자 수가 파리나 식물하고 거의 같다니 - 그리고 인간 개개인의 유전자는 다양성이라는 것이 거의 없어, 세계 어느 인종과 비교해 보아도 99.9%가 똑같다는 것이다. 무슨 이런 일이…….

풀벌레 수레에 얹혀 다시 논둑길을 흘러간다. 열하루 달빛을 들이쉬는 벌레들 숨소리는 가녀리지만 제 소리에 얹혀가는 나를 두고 서럽다 한다. 하지만 이 호젓한 달밤의 논둑길을 홀로 걷게 아니하시고 풀벌레 동무 삼아주신 분이 계신데 - 우거진 나무 그늘에 어둑신한 대문을 거쳐 마당으로 올라서니, 마당 가득 깊은 물로 고여 있는 사무치는 달빛이 시리다. 풀벌레의 숨소리로, 열하루 달빛으로 영원의 문을 열어주시는 분. 고적해하시며 내게로 오시는 분. 서러움도 아름다운 깊은 밤. 가을 풀벌레와 더불어 영원으로 들어간다.

# 알밤 한 톨의 가르침

달고 깊게 빠졌던 초저녁잠이 엷어질 무렵이면 아람 벌어 떨어지는 밤톨들이 베갯맡을 툭툭 건드린다. 후두둑 떨어지는 것은 참나무 낙엽더미로 굴러 들어가는 알밤 소리고 제법 날카로운 소리를 내는 것은 나무둥치를 후려치며 굴러 떨어지는 굵은 밤알들이다. 밤나무가 아람 벌 때면 아침이 부옇게 벗겨지기도 전에 동네 집집마다 남부여대 자루를 메고 나선다. 추석 달이 이울어 서쪽 하늘에 걸려 있는 새벽, 사람들은 저마다 가슴 부풀리고 밤나무 숲으로 몰려든다. 더러는 손전등을 들이대고 풀숲을 헤집는 사람도 있고, 부지깽이만 한 나무때기로 밤송이를 골라내어 발로 비벼 까내는 사람도 있지만, 밤 줍기 철에 드러나는 사람들의 심성은 그다지 좋게만 보이지는 않는다. 그저 제 앞길만 착실하게 살펴도

저 먹을 만큼 줍기 마련인 것이 밤 줍기이건만, 제 몫을 줍고 있으면서도 남들이 허리를 굽혀 집어 올릴 때마다 흘금흘금 곁눈질을 해가며 마치 제 것을 빼앗기는 것처럼 아까워하는 사람도 있다. 욕심스러운 사람 중에는 눈에 불을 켠 듯 거염을 떨어가며 남들이 더 많이 줍는 꼴을 못 보아내는 것이 산밤 줍는 풍속이다. 아무리 뒤늦게 찾아간 사람도 맨손으로 돌아가게 않는 푸근한 숲이 밤나무 그늘이건만…….

뽀오얀 새벽달과 저수지 물안개를 바라보며 숲 속으로 난 길로 들어서면, 새벽이슬에 젖은 밤톨들이 반들반들 눈을 뜨고 군데군데 떨어져 있다. 숲을 헤치지 않아도 알밤들이 눈이 버언하도록 널려 있는 것이다. 며칠 전부터 눈을 뜨자마자 숲길로 들어서는 것은 그 밤톨들이 새벽 출근하는 차들에 무자비하게 깔려 터진 것을 보았기 때문이다. 밤을 줍는 사람들은 왜 이 길에서 먼저 밤을 줍지 않는 것일까. 그 많은 사람 중에 단 한 사람도 그 길을 먼저 찾는 사람이 없다. 밤나무가 밀집한 숲이 아니면 안 된다는 생각 때문일 것이다. 남들이 몰려드는 자리로, 그 몰려가는 사람들을 따라가야만 된다는 고정관념 때문일까. 길에 줍는 것만으로 잠깐 사이에 두 주머니가 묵직해진다. 그렇게 밤 줍는 재미에 이끌려 남들이 버리고 간 길과, 그들이 거반 훑고 지나간 숲으로 간다. 그러면 이미 묵직한 밤 자루를 메고 나오던 이웃이 조금은 안쓰러운 듯, 한편으로는 게으름을 비웃는 눈으로 말을 건넨다. “벌써 다 훑고 간 걸요. 지금은 한 톨도 없을 거예요.” 내가 바보처럼 웃으며 가던 길을 가면, 이웃 아낙은 딱하다는 듯 한번 더 나를 돌아보고는 걸음을 재촉한다.

사람들이 아무리 눈에 불을 켜고 헤집고 또 헤집어 밤알들을 훑어갔다 해도 숲은 언제나 내 몫을 남겨 두었다. 있으면 줍고 없으면 나중에 오지……, 하는 마음으로 숲길을 걷다 보면 실팍한 밤알이 나를 기다리고 있었던 듯 눈을 반짝이며 반겨주지 않는가. 더러는 사람들이 밟고 지나간 숲길에 부끄러운 듯 알몸을 드러낸 것도 있었고, 어느 것은 떡갈나무 잎 그늘에 몸을 반쯤 감추고 곁눈질로 나를 유혹하는 것도 있었다.

손바닥이 뿌듯하도록 굵은 밤알을 손아귀에 잡을 때의 그 실팍함……. 아! 그런 것이 순리의 기쁨일까. 땅의 숨결, 그리고 땅에서 나는 것을 사랑하는 자에게 건네는 생명의 고백, 묵묵하게 한철을 가득 차게 살다가 건네주는 겸손의 절대적인 무게.

문득 지금까지 살아온 내 생명의 결실은 어떤 무게를 지니고 있을까. 가슴이 떨렸다. 그렇게 서 있는 동안에도 아람은 벌고 벌어 후두둑, 딱! 밤알은 내 상념과는 상관없이 계속해서 떨어졌다. 누가 알밤을 말끔히 훑어갔다고 말하는가. 밤 한 톨과의 만남. 그 시간을 누가 감히 앗아 간다는 말인가. 나에게 주어지는 몫은 언제나 거기 그 자리에서 나를 기다리고 있다. 먼저 거쳐간 사람이 거두어 간 것은 마땅히 그 사람 몫이다. 언제나 나의 때는 나를 위하여 그들과는 상관없이 거기 그 자리에서 나를 기다리고 있게 마련이다. 세상살이 먹고 살 일에 무엇을 걸터듬질할 일이 있으랴. 일어나 나의 길을 가기만 하면 굶는 일은 없는 것을…….

밤이 익을 무렵, 처음에는 밤알이 작아도 그저 줍는 일만 신기해서 닿는 대로 주워 넣는다. 그러다가 점점 아람 번 밤이 정신없이 떨어지면 눈치껏 굵은 것만 골라서 줍는다. 알이 굵은 밤 맛 다르고 작은 밤톨 맛이 다르건만 작은 것은 껍질을 벗기는 것이 귀찮아서 나중에는 발에 걷어차여도 줍는 사람이 없다. 나도 그들과 다를 것 없이, 굵은 밤알을 만나면 눈이 번해서 실쭉 벌쭉 집어 챙긴다. 그러면서 고양이 쥐 생각하듯 자잘한 것들은 짐짓 다람쥐나 청솔모 등 산짐승의 겨우살이로 남겨두자고 한다. 속 들여다보이는 짓이지……. 그러다가 굵은 밤톨이 눈에 띄기만 하면 그것이 북가시나무 밑둥이든 찔레 덩굴 속이든 가시에 찔려가면서까지 기어이 팔을 뻗어 손에 쥐어야 직성이 풀린다.

밤 줍는 재미에는 어떤 열매를 거두는 것보다 신묘한 맛이 있다. 두 사람이 같은 방향으로 같은 길을 가도 줍는 자리는 언제나 다르다. 더구나 그것이 비탈진 언덕이면 더 그렇다. 그것은 각자가 만나는 만남이다. 나의 경우, 먹기만 하자고 밤을 줍는 일은 드물다.

한 알 한 알 주워 담으면서 땅의 날숨을 손 안에 쥐어보고, 바람의 향기를 전신으로 맡으면서 밤나무 숲에 철 따라 내리던 빗소리를 영혼의 귀에 담는다.

그리고 놓칠세라 더듬고 훑으며 거쳐 간 길에서 이제는 남김없이 다 주웠거니 하고 돌아서면, 가던 길에서 못 본 밤톨이 '저요! 저요! 나 여기 있어요!' 하듯 눈을 반짝 뜨게 만드는 수가 흔하다. 가던 길에서 만나지 못했던 것을 돌아오면서 줍는 그 맛을, 인생살이 어떤 덤에다 비하랴. 이제는 그만 가자고, 묵직한 자루를 들고 돌아가는 길에서, 기름칠한 듯 윤기 도는 알밤이 발길을 붙잡는다. 내가 지나간 뒤에 떨어졌을 수도 있지만, 빨리 거두자는 욕심 때문에 그 길을 가면서 못 보았던 것도 많았다. 아마 내가 허둥지둥 지나왔거나 한눈을 팔던 인생의 길목에도 그렇게 놓쳐버린 무엇이 있었을는지도 모를 일이다. 미처 깨닫지 못했던 은총……, 미처 가꾸지 못하고 놓쳐버린 인연因緣…… 등. 밤을 줍는 일이야 되돌아가는 길에 다시 찾아내는 기쁨도 주어진다지만 인생을 어떻게 돌이켜 회한을 잠재울 수 있으랴…….

희부옇게 어둠이 걷히려고만 하면 손전등까지 들고 나서는 사람들 등쌀에 이 산에서 살고 있을 산짐승들의 겨우살이가 미상불 걱정이다. 더구나 나무에 올라가서 흔들어대고, 힘센 남정네들이라도 찾아오면 장대를 휘둘러 우악스레 밤을 털어댄다. 밤걷이로 생계를 잇는 사람들이 아니니 그들이 용을 쓰는 모양은 탐욕일 수밖에 없다. 때가 되면 저절로 떨어지는 열매, 나무를 올려다볼 일도 없으련만. 그러나 용을 쓰는 그들이나 한 알이라도 더 주우려는 나나 실상은 다를 것이 없다. 어떤 생각 어떤 모양으로 줍든 산밤을 훑어 산짐승들이 먹을 양식을 축내는 일에는 다를 것이 없지 않은가. 청솔모야 다람쥐야 그리고 두더쥐야 족제비야 나는 너보다 잘나고 큰 짐승이니까 굵은 것을 가질게. 약올라하지 말고 자잘한 것들 챙기렴. 잔밤을 벗기는 수고를 덜어보려고 꾀를 부리면서도 제법 산 동무를 생각하는 척, 잘못 주워 들었던 작은 밤을 던져 주어가며, 나도 하릴없는 한 마리 산짐승이 되어 본다. 알밤 한 알에도 욕심을 개칠할 수밖에 없는 인간임을 접어둔다면, 그렇게 밤을 줍는 동안만은 세상 어지러움과는 무관한 한 마리 무구한 산짐승이 되는 것도 즐겁다.

그런데 청솔모나 다람쥐보다 더 억울해하는 것은 모기떼들이다. 이 조용하던 산속을 휘젓는 것이 도대체 누구야? 왜 갑자기 쳐들어 와서 산을 휘젓고 다니는 거지? 모기는 맹공격을 하다가, 육질 좋은 먹이에 포식을 하고는 아들 손자, 며느리를 불러, 이게 웬 떡이냐 싶은 잔치를 벌인다. 밤 줍던 사람은 그까짓 모기쯤이야……, 눈도 깜짝 않고 밤톨에만 정신을 팔다가 얼굴이며 목덜미며 손등을 있는 대로 뜯긴 뒤에 더는 견디지 못하고 도망을 친다. 때로는 발을 헛디뎌 밤 가시에 주저앉아 눈물을 뺄 때도 있고, 가시나무에 얼굴을 긁혀 생채기를 얻기도 하지만 그 모든 것들은 모기를 포함하여 엄연한 숲의 질서였다.

밤나무는 기막힌 알밤을 생긴 그대로 모두 내어주고, 빈 밤송이와 몸에서 떨군 낙엽만을 다시 받아 밑거름을 삼는다. 그렇게 한 겨울을 견디고, 봄이 되면 다시 잎을 살리고 꽃을 피워 열매를 맺고 그 열매를 사람 가리지 않고 아낌없이 내어준다. 인간은 낙엽도 빈 껍질도 없는 주제에, 제 몸에서 만드는 똥오줌이 무서워 눈만 뜨면 씻고 닦고 호들갑스럽게 맑은 물을 후질러 버리면서 난체를 한다. 오줌 한번 찔금 흘리고도 풀로 싱이라는 이름으로 폭포처럼 물을 쏟지르고, 자신의 땀냄새에도 진저리를 쳐가며 세제를 퍼부어 매일 빨래를 하고, 그러고는 물이 오염되었다고 아우성을 쳐대고……, 하늘도 땅도 못쓰게 만들면서 살아가는 일에는 턱없는 걸터듬질을 계속할 뿐이다.

아람이 벌고 나면 밤나무 숲은 만신창이가 된다. 더러는 가지가 꺾이기도 하고 돌이나 장대에 맞아 가지가 찢기기도 한다. 짓밟힌 밤송이에 해작질한 낙엽더미, 밤나무 밑에서 자라던 어린 나무들은 온통 밟혀 제 구실을 할 것 같지 않다. 밤을 주워 간 것이 아니라 있는 대로 행패를 부리고 간 흔적만이 남는다. 그러나 인간이 입치레를 위해서 무슨 짓을 하건 밤나무는 그저 묵묵할 뿐이다. 내년이면 다시 아무 일도 없었던 듯 새 잎을 밀어내고, 짓밟혔던 흔적을 감추고도 남을 싱싱한 숲을 이룬다. 그리고 다시 묵묵하게 알밤을 키운다.

손아귀에 잡힌 실팍한 밤 한 톨의 무게에 나의 내면內面을 비추어보며 부끄러움 때문에 눈을 감는다.

# 타작 마무리

여름에 대한 아쉬움도 아니련만, 겨울 마중도 아니련만, 한 해를 재촉하는 십일월의 날씨는 날구장창 찌푸려, 타작 뒷설거지 바쁜 이들에게 사흘 굶은 시어미 상판이고 - .

저무는 인생길에 한 해 마무리가 무슨 부조라고 날씨마저 그리 무거운지.

저무는 하루 해, 산등선은 잿빛 구름에 감겨 무거운 허리를 눕히는데, 콩 타작마당에서 키질하는 소리, 김장배추 뽑으면서 두런거리는 소리는 허위허위 걸어온 인생길의 잠꼬대처럼 떠돌아.

추수 끝난 논에는 한여름 그림자로 볏짚이 흩어지고, 빈 텃밭에 흘린 무시래기, 농사꾼이 벗어 놓은 한여름 신산이던가.

때를 놓쳐 시들어버린 실파를 다듬으며 초벌 늙은 아낙이 탄식

한다.

“적적해요, 너무 적적해요. 자식이 무슨 소용이랍디까. 하루해는 그리 길면서도 한 해는 왜 그리 훌쩍 달아나는지. 한생을 살아온 것이 잠깐 허공을 휘저은 것만 같고…….” 쇠죽 쑤는 아궁이불은 굴뚝을 뚫고 시름없는 연기되어 텃밭으로 흩어지는데, 누렁이는 어디를 다녀오는지 절레절레 돌아오는 모양새가 무심하기도 하이.

아직도 우리 마을에는 쇠죽을 쑤는 집이 전설처럼 남아있고, 자식들이 무슨 소용이랍디까, 장탄식이 흘러나와도 그 자식들 입치레 위해 뒤곁에 걸어 놓은 가마솥에 메주를 쑤는 집이 더러 있다. 젊은 것들은 흔전만전 편히 살 수 있는 대처로 떠났으나, 그 자식들 키울 때 살던 살림을 고스란히 지키는 늙은이들만 남은 마을. 봄이면 못자리 써레질 끝내고 모를 내던 농군들 품앗이로 봄이 무르익고, 여인네들은 부엌에서 보리밥 짓고 된장 끓여, 함지박에 참을 챙겨, 하루에 서너 차례 논둑길을 부지런히 밟던 시절. 저 건너 신작로에 사람 그림자만 나타나도 소리쳐 불러 참 한술 같이 들던 인심은 이제 어디로 갔는지 -.

이제는 모내기도 사람 하나 달랑 이앙기 위에 앉아 한나절도 안 걸려 일을 끝내고, 써레질 끝난 논에 더러 백로 한두 마리 꺼웃꺼웃 거닐며 먹이를 찾는 풍경이 한가롭기보다 쓸쓸하다.

옛날, 모를 낼 때면 마을 전체가 잔치였다. 한 해 기대어 살아갈 벼를 '쌀님으로 모시는 날'은 어른 아이 할 것 없이 그저 배가 불렀다. 그런데 기계로 파종하고 기계로 농약 치고 기계로 간단하게 추수하는 농촌에는 사람들의 들뜬 소리도 스러졌고, 막걸리 잔을 주고받던 뽀얀 빛깔도 지워졌다. 여남은 마지기쯤 되어도 장정 몇이 달려들어 한 사흘 벼를 베어야 추수가 끝나던 그때의 시간은 시간이 아니라 푸근한 삶이었다. 지금은 단 몇 시간 만에 밀어제쳐 추수를 끝내고 손 털어내는 시간이 돈을 계산하게 마련이다.

대추나무 집은 땅이 많았다. 땅이 많았대야 볏섬이나 거두었다는 것이지 땅을 돈으로 따지는 일은 없었다. 아들딸 서울로 보내 대학 공부시키면서 땅을 조금씩 잘라 처분했어도 아버지의 땅은 해마다 쌀과 감자와 고구마와 복숭아, 포도를 일구어 냈다. 아들이 대학을 졸업하고 직장을 다닌다고 자랑, 자랑하던 부모는 어느 날, 아들이 '사장'이 되었다고 동네에 시루떡을 돌리고 국수를 말았다. 사장이 된 아들은 남들이 다 그렇게 하고 있다면서 외제 승용차를 사느라고 아버지의 농토를 또 잘라서 팔았다. 아버지는 그 땅값이 아들의 장래의 길을 틔워 주는 것이라고 믿어 아까워하지 않았다. 그리고 봄 여름 가을 없이 굼닐어 남은 땅을 일구었다. 어미의 손, 아비의 손은 갈퀴요 쇠스랑이었다. 그렇게 근심 없이 아들 잘되기만을 축수하며 얼마를 지났던가. 아들은 아버지의 남은 땅을 다

말아먹고도 쇠고랑을 찼다. 그 집뿐 아니라, 공직에서 은퇴한 내외가 전원을 찾아 내려와 일구던 땅은 사위가 말아먹고 장인장모가 알몸으로 나앉게 만들었다. 동네에서는 뒷소문이 구구했다. "아니 거 머시라나 벤처라나 하는 것, 젊은 것들이 그 벤처 귀신에 홀리기만 하면 집안을 말아먹는다는구먼. 어이구 무서워라! 벤처라는 귀신이 우리한테 달려들까 보아 무섭구먼!" 모두들 진저리를 쳤다.

조상 대대로 일구어 먹던 땅을 돈으로 바꾼다는 것이 재앙이었다. 지난날, 농부에게 논농사는 노동이 아니라 목숨을 드리는 삶의 제의祭儀였다. 편리가 편리를 따라가며 인간이 땀 흘리지 않고 기를 쓰지 않고도 거둘 수 있는 기계를 만들어, 논농사의 옛 풍속은 가뭇없이 사라졌다.

농자유전農者有田에 관심이 깊었던 다석多夕 유영모柳永模 선생은 땅을 어머니라 했다. "땅은 우리의 어머니요 밥그릇인데 그렇게 보는 이가 없고 모두 상품으로 봅니다. 겸손한 자, 땅을 어머니로 모시는 자, 밥그릇으로 보는 자, 종당은 이 겸손한 자가 땅을 차지할 것입니다. 땅을 어머니로 밥그릇으로 아는 자는 놀지 않습니다. 사랑하니까 부지런합니다. 겸손이란 남을 어려워하고 절하는 자가 아닙니다. 남이 뭐라거나 땅을 어머니로 모시는 자입니다. 농부는 우리의 어머니입니다. 어머니가 밥을 지어 주듯이 농부는 농사를 지어 줍니다. 지금은 서로 할퀴고 뜯는 세상이 되었지만,

정말 농農을 천하지대본天下之大本으로 알고 천직으로 삼아 마음을 다해서 농사를 짓는 이는 우리의 어버이입니다. 땀 흘리며 김매는 농부는 어버이 상과 같습니다. 유한有閑은 죄진 사람입니다." 선생님은 농부를 '여름아비'라 부르셨다. 여름내 여름을 의지하여 땅을 일구는 아비라는 뜻이었다. 선생님은 농부를 신선이라 부르기도 하셨다. 선생님의 농부 예찬은 한이 없었고 신앙에 가까웠다.

하지만 이제 우리 곁에서 농부가 사라졌다. 겸손으로 논농사를 짓는 사람이 없어질 수밖에 없는 형편에 이르렀다. 모든 것을 기계로 거뜬하게 해치우는 농사는 옛날 농사의 뜻을 지킬 필요 없는 일이 되었다. 누가 논농사에서 겸손을 배우겠는가. 옛날 써레질할 때면 소하고 의논해가며 일을 했다. 이제는 농기계로 간단하게 로타리를 치고 모판을 옮긴다. 그리고 써레질한 흙탕물이 가라앉으면 이앙기로 모를 심는다. 한여름 농약을 칠 때도 기계가 대신하고, 추수를 할 때면 승용차를 닮은 탈곡기 위에 사람 하나 앉아 스름스름 걷어낸다.

불과 십 몇 년 전까지만 해도 선산 자락에서 농사를 짓던 언니네 내외는 지게로 날라온 볏집을 마당에 쌓아 놓고 멍석 위에 앉힌 궁굴레(벼를 털던 돌 농기구)를 돌려 한 줌씩 쥐어낸 볏짚을 털었다. 나란히 서서 궁굴레 발틀을 연신 놀려가며 벼를 털 때면 쌀겨 먼지를 뽀얗게 뒤집어쓰고 눈썹까지 하얗게 세고는 했다. 궁굴레로 털어낸 벼를 다시 바람에 말린 뒤에 볏섬을 엮어 곳간에 들이고야 그 한 해 농사가 끝이 났다. 타작을 끝낸 마당으로 참새 떼, 까치, 들쥐의 참례가 바빠도 '이삭은 너희들 차지니 나누어 먹어라.' 못 본 체하는 것도 옛날 타작 뒤끝의 후한 인심이었다.

일본 압제 아래서 숨죽여 살 때, 일본 관리들은 산골 구석구석까지 공출이라는 명목으로 쌀독을 뒤지러 다녔다. 춘궁기에는 보릿고개를 넘길 수 없어 송기를 벗겨 먹어야 할 만큼 배를 곯으면서도 일본놈들에게 그 목숨 같은 쌀을 빼앗겼다. 어떻게 해서라도 단 한 톨이라도 숨겨 식구들의 목숨을 부지할 생각으로 고심고심 쌀을 숨기는 것이 추수 끝의 일이었다. 뒤주에는 쌀을 둘 수가 없었다. 땅을 파고 항아리를 묻어 거기에 쌀을 숨겨도 놈들은 용케 찾아내어 훑어갔다. 그렇게 쌀을 빼앗기고는 밤새워 울던 외할머니며 외숙모의 눈물을 지금도 잊을 수가 없다.

그렇게 쌀은 꿈속에서도 목숨의 어머니였다. 그런데 요즘 누가 쌀을 쌀로 여겨 귀하게 알며 논농사를 삶의 제의祭儀로 여기는 사람이 있겠는가. 젊은이들마다 기계로 쏟아져 나오는 식품을 손쉽게 빨리 그리고 많이 먹어 기름살이 올라, 살 빼는 전쟁을 치르는 것이 예사로운 풍속이 되었으니 -.

아직은 불치라고 여기는 암이 감기보다 흔해진 이유는 쌀 귀한 줄 모르고 먹어대는 가공식품 때문이지 싶다. 쌀 미米의 미 자字는 벼가 쌀이 될 때까지 사람 손이 여든여덟 번 가고서야 한 톨 쌀이 된다는 의미였다. 그렇게 정성 다해 거둔 쌀을 먹던 우리네 지난날에는 지금 같은 대사 증후군 운운하던 병이 흔치 않았다. 우리 마음의 눈을 열어 쌀을 새롭게 들여다보자.

땅으로 돈을 만드는 죄를 저지르지 말 일이다. 근자에 대통령을 지낸 분의 세 아들이 아버지가 나라에 돌려주어야 할 돈으로 땅을 사고팔아, 우리네 계산으로는 닿지 않는 거금의 돈을 쥐고 거드럭거렸다. 땅을 어머니로 볼 줄 몰랐고, 땅으로 돈을 만들려고 눈에다 불을 켰다가 패가망신한 사건이 전국을 소란하게 만들었다. 바다가 뒤집혀 쓰나미가 되고 지진과 화산 폭발이 곳곳에서 터져 땅이 노여움을 터뜨리는 일이 범연해서 일어났겠는가. 사람아, 태어나서 숨질 때까지, 빌려쓰고 얻어먹다가 떠나야 하는 사람들아, 먹는 일에 우선 겸손해지자. 쌀 한 톨이 수채에 떨어진 것을 보시고 손녀딸들에게 회초리를 드셨던 할머니의 경건한 가르침을 찾을 길은 없을까.

# 벽난로 불꽃, 느리게, 느리게……

일 년 열두 달, 달력이 한 장 한 장이 뜯겨지고, 마지막 한 장이 간신히 매달린 12월. 한 해 살이 마음도 달력하고 함께 뜯겨져 나간 듯 헐거워진 12월.

바람이 없는가 보다. 탐스러운 눈이 너울너울 허공을 흔들며 내려오고 있다. 겨울 하늘이 마음 놓고 몸을 풀듯 그렇게 눈이 하염없이 쏟아진다. 여름 한철 땅기운을 있는 대로 뽑아 곡식을 내어주고, 이제는 벌거벗은 몸으로 누워있는 논과 밭을 그대로 둘 수가 없어, 헐벗은 땅을 겨울 이불로 덮어 주려는가. 아니면 땅에서 살다가 떠난 온갖 것들이 떠도는 넋이 되어 한꺼번에 너울거리며 땅으로 내려앉는가.

눈발은 늘 큰길을 피하여 골짜기를 찾아오듯 큰길에서보다는 언제나 골짜기 쪽을 후하게 덮어준다. 천지 가득 눈송이는 휘날리는데 문득 시간이 정지된 공간 속에 서 있었다.

함박눈은 서두르면서 내리는 것이 아니라 멈추기 위해서 내린다. 눈 내리는 허공을 향해 서 있으면, 눈과 함께 떠도는 넋이 되어 하염없이 바라보는 사람의 가슴에도 쌓이고 그렇게 서 있으면 눈 내리는 소리가 가슴으로 내려앉는다.

벽난로에 불을 지폈다. 장작이 불길을 올리면서 사나운 소리를 지르며 튀어 오르고, 불길은 눈 오는 들판을 향하여 달려 나갈 듯 높은 곳으로, 보다 높은 곳으로 연기를 올려가며 날아간다. 벽난로 불 앞에 앉아있으면 한없이 무심해진다. 앞도 뒤도 끝도 없는 한가함이 푸근한 품속이다. 벽난로용 참나무 장작 한 트럭에 육칠십만 원이나 한다는 말만 들었지 한번도 사본 일 없이, 우리 집 거실의 좀 투박하고 못난 벽난로는 겨울 한철 무엇보다도 친근하고 소중한 해결사다.

등성이 위로 해마다 고사목枯死木이 늘어나 그것만 시나브로 주어도 땔감이 되고, 이리저리 잘라내고 버린 건축자재용 목재를 주워오면 더할 나위없는 쏘시개가 된다. 그렇게 아름다운 불꽃이 일구어지면 따뜻한 불꽃이 위안이 되고, 종이 쓰레기도 줄여주고 있으니 이에서 더한 겨울 벗이 없다. 고구마, 감자, 더러는 알밤에다 칼집을 내어 불 저만치 두어두고 잊어버리고 있으면 그저 시나브로 익어 출출함을 덜어주기도 하고……. 그렇게 12월을 넘어 1월로 가는 길도 벽난로 앞에서 녹는다.

이렇게 눈 내리는 날이면 벽난로 불을 쬐어가며 연말연초에 배달된 연하장과 카드를 한 장 한 장 펼쳐보는 여유가 생긴다. 공연히 들떠 뒤숭숭해지고 그저 물색없이 부산스러워질 수밖에 없던 연말에 떠밀려, 배달된 카드를, 받는 대로 얼핏 길에서 스쳐지나가면서 인사를 건네듯 대강 펼쳐보고 벽난로 선반이나 장식 선반에 적당히 세워두기 마련이고, 보낸 사람의 취향을 보여주는 갖가지 빛깔과 그림의 카드는 그렇게 한 달 가깝게 먼발치의 눈인사로 지낸다. 방학이 되어 크리스마스를 함께 지내러 오는 손자손녀들은 제각기 제가 보낸 카드가 어디에 놓여있는지 살피고, 그것이 혹여 눈에 잘 띄지 않는 구석 자리에 놓여 있으면 되게 섭섭해하며 다른 카드를 밀쳐내고 한가운데다 다시 자리를 잡고서야 직성이 풀리곤 했다. 시골집 벽난로 선반을 가득 채우고도 모자라서 피아노 위와 다른 장식장 선반 위에 세워진 가지각색 카드는 아이들의 겨울방학이 안겨주는 첫 흥분이기도 했다. 일월로 접어들어 이렇게 눈이라도 내리는 날이면 그제서 차분해져서 한 장 한 장의 카드를 조용하게 만나는 시간을 얻게 되고, 그것을 보내준 분과의 내밀한 인사와 이야기가 시작된다.

더러는 카드에다 그동안 전하지 못한 사연을 기나긴 편지로 써서 보내는 친구들도 있지만, 단 몇 줄이라도 육필로 써 보낸 글귀에는 그 사람만의 향기와 속삭임이 있어, 합장合掌하는 마음으로 꼼꼼하게 새겨 읽게 된다. 그러나 인쇄물 아래 발신자의 이름까지 인쇄로 처리된 것들은 조금은 미안하지만 그대로 벽난로 불길로 들어간다. 자신의 이름 석 자 쓰는 수고를 아껴가며 이름까지 인쇄된 연하장으로 보내는 사람들의 심사는 어떤 것일까. 너무 바빠서 그랬을까. 바쁘다면 왜 바쁜데? 무엇을 위해 그렇게 바빠야 하는데? 살려고 바쁜 것 아닐까. 살기 위해 바빴겠지. 숨차게 살다보니 이름 석 자 쓸 일도 만만치 않았던가 보다. 그렇다면 사는 게 무언데? 누가 사는 게고, 누구를 위해 사는 건데? 나 살자는 일이고, 살아간다는 것은 더불어 살고 있는 사람을 챙길 일이 우선 아니던가? 더러는 이해관계가 따로 있기도 하겠지만 그래도 사람한테 공 들여가며 사는 일만이 사람답다는 것을 깨달으며 사는 것이 사람 살아가는 도리가 아니겠는지. 그런데 살기에 바쁘다고 피차에 사람값을 헐값으로 매겨가며 허둥거릴 일이 무언가? 별로 아낄 사람이 아니면 그런 인사치레는 하지 않아도 될 일. 그래도 연하장 명단에 이름을 올리고 우푯값을 들여가며 자기를 알려야 할 뜻이 있었다면 연하장 말미에 제 손으로 서명이라도 하는 것이 피차의 값을 매기는 일 아니었을까. 이즈음에는 스마트 폰에 뜨는 인사 몇 마디로 연하장도 없어져 가지만－.

새해가 되면서 모두 새로운 각오로 큰기침 해가며 또 다시 바쁘게 달리기 시작했다. 포부, 희망, 혹은 계획이라는 이름에다 박차拍車를 달고. 연말연시에 마시고 먹고, 다시 마시고 먹는 일로 어울려 질탕치게 놀다가 숙취도 가시지 않은 어지러운 머리로 '새 출발!'이라 하고 또다시 트랩을 떠난다. 가속加速이 붙은 일상 속으로 말려들어가 이웃도 보이지 않고 자신도 보이지 않는 기막힌 속도의 세상으로 빠져들어간다.

어느 음식점이 이상한 상혼商魂을 발휘하기 시작했다. "5분! 3분 서비스!" 그 시간 안에 식탁을 차려서 먹게 해주지 못할 경우에는 음식값을 받지 않겠다고 장담해가며 손님을 부르는 식당이 생겼다. 빨리! 빨리! 전세계에 퍼져 있는 우리말 중에 가장 유명한 말이 빨리빨리!인데 그 빨리빨리의 생리를 눈부시게 만족시켜 주는 상술商術이 생긴 것이다. 그 식당으로 몰려드는 손님들의 표정이 그렇게 신나는 것일 수가 없었다. 빠듯한 점심시간에 빨리 먹고 빨리 커피 마시고, 빨리 돌아가야 할 도회인들의 직장 생리를 모르는 바 아니나, 무엇이든지 재촉한다고 시간을 벌 수 있는 것 아니고 서두른다고 해서 시간이 늘어나는 것도 아니건만 사람들은 점점 더 성급해지고 매사에 재촉이 불같아지고 있다.

얼마 전, 독일 뮌헨에서 '느리게 살기 운동'이 시작되었다. 멈출 줄 모르는 기계의 톱니바퀴에 맞물려 밤도 낮도 없이 뛰고 또 뛰어야 하는 삶의 고속화高速化에 드디어 반기를 들었다. 소외될까봐

소[牛] 갈 데 말[馬] 갈 데 가리지 않고 참석하고, 어디에고 참례해야만 하는 번잡한 나날. 절대로 지치지 않고 늘어만 가는 소음騷音. 아래위층 간의 소음싸움이 살인이 되고, 넘쳐흐르는 정보를 일일이 챙기려면 하루 24시간이 태부족인 정보고속도로……. 뮌헨 사람들 중에는 그래도 제정신 차린 사람들이 남아있었던가. '템푸스(Tempus)'라는 이름으로 시간 지체를 위한 모임을 결성하고 회원을 모집했는데 적잖은 사람들이 몰려들었다. 핫도그나 샌드위치, 피자 등 즉석음식을 먹어가며 시간을 벌어보았자 결국 천덕꾸러기가 되는 것은 자기 자신이라는 사실에 눈을 뜬 사람들이다. '슬로우 푸드(Slow Food)'라는 이름의 이색적인 모임을 만들어, 어쩌다 한번 식당엘 가더라도 정장을 하고 제대로 된 식탁에서 음식을 천천히 음미해가며 먹겠다는 '패스트 푸드'에 대한 반항적인 모임도 생겼다.

해마다 수도원을 찾는 사람들이 수만 명씩 늘어나고, 한 달 아니면 40일씩 걸리는 산티아고 길을 걸어서가는 사람들도 수만 명씩 늘어난다. 더러는 명상여행을, 어떤 모임에서는 산골 사람들을 위한 나무 자르기, 밭일 돕기, 소 치기 등 도회지에서 할 수 없는 노동을 찾아 떠나는 그룹도 늘어났다. 모두가 시간의 압박, 시간의 사슬에서 놓여나려는 몸부림이다. 정보고속도로가 전 세계에다 계속적인 현재現在만을 만들어, 인간의 정서적인 전통을 망가뜨리고 말 것을 저어하는 생각 깊은 사람들이었다.

산업화 생활리듬의 가속화는 생태계를 파괴하는 속도와 비례하고, 그것이 곧 자원 고갈을 불러, 인류의 미래를 보장할 수 없게 만든다는 결론을 예감한 사람들이었다.

그러나 '느리게 살자'고, '천천히 살자'고 부르짖는 그들에게도 대안代案은 없었다. 이렇게 어지럽게 돌아가고 있는 세계적인 속도를 멈추게 할 방안은 없다는 것이고, 다만 개개인이 사람답게 살 수 있는 시간을 만들어 보자는 소박한 희망을 가지고 동호인을 모으고 있었다.

대안이 없을까? 대안 없이 절벽인 줄 알면서 인류가 한꺼번에 치달려야 하는가? 그렇지는 않을 것이다. 각자, 내 마음속에 내가 들어가 앉을 방 하나를 만들면 어떨까. 그리고 내가 혼자서 쉴 수 있는 시간을 만들어 주면 어떨까. 이 글을 읽는 분 중에 '아이고! 시골집에 들어앉아서 벽난로 쬐어가며 팔자 좋은 소리 하고 있네!' 화를 내실 분의 목소리도 들린다. 하지만 지면이 허락된다면 어떻게 이 자리에까지 이를 수 있었는가를 차분하게 들려드리고 싶다.

# 3.
# 삶의 쉼표

# 먹이 씨름

눈 첩첩 겨울밤에 뜨는 달은 더욱 시리고 춥다. 그렇게 겨울달이 뜨는 밤이면 바람도 사나움을 감추고 별들도 숨을 죽인다. 얼어붙은 겨울 밤 중천에 뜨는 달은 냉엄하다. 드문드문 엎드려 있는 집들도 다시는 깨어날 것 같지 않고, 눈꽃을 함빡 피운 겨울나무들도 투명한 얼음 속에서 영원한 잠을 자고 있는 것만 같다. 어디엔가 깨어있는 생명이 있어도 감히 그 달빛을 깨트리고 얼굴을 내어 놓을 존재가 있을 것 같지 않다. 하지만 음력 정월로 들어선 이 무렵이 날짐승들이나 야산의 식구들에게는 넘기기 어려운 보릿고개다. 먹이가 흔전만전했던 여름에 축적했던 몸의 기름기가 빠지고, 달빛 처연凄然한 겨울밤의 눈밭을 아득하게 지켜만 보아야 하는 철이 이 무렵이다. 달빛에 젖어 더욱 시리고 눈부신 눈밭을 차마 흩지 못하고 굴속에 엎드려 있어야 하는 철이 이 무렵이다.

자연 생태계를 살아가는 생명들에 비하여 사람의 겨우살이는 어떻게 그리도 욕심스러운지. 백여 년 전까지만 해도, 아니, 전쟁 후 한동안도 산에 있는 나무를 닥치는 대로 잘라 땔감으로 썼고, 갈잎(솔잎)까지 박박 긁어 밥솥 김을 올렸다. 이제는 수억 년 묻혀 석유가 된 것을 억척스레 뽑아내 앞뒤 가릴 생각 없이 난방에 자동차 달리기에 하늘 나는 비행기에 쓰고 있다. 인생은 따뜻한 방에 앉아 김장김치에 햅쌀떡국에 무엇이든지 먹고 싶은 것을 마음 놓고 먹어가며 천년 만년 그렇게 살 수 있으리라 믿는지 근심도 걱정도 없다.

우리 집의 쌀광에도 여남은 마지기에서 거둬들인 쌀이 자루 자루 채워져 있고, 김치광, 무 배추 파를 쟁인 움막에는 음력 정월이 지나서까지 먹을 수 있는 채소가 그들먹하다. 무공해 농산물이라고 해서 서울에 흩어져 살고 있는 피붙이들이 계약이나 해 놓은 것처럼 쌀이며 채소를 가져다 먹는다. 그러나 남들이 너덧 번 농약을 칠 때 한번 슬쩍 치는 것으로 끝을 내는 저공해低公害일 뿐이지 무공해라는 것은 어불성설이다. 그래도 농약 범벅이 된 농산물보다는 나으리라 믿는지 틈틈이 쌀을 찧어 달라는 주문이 이어진다. 시골집 쌀광이라 해도, 극성스러운 들쥐 때문에 옛날식 광으로는 어림도 없어 재래식 온돌방 하나를 잡았고, 쌀을 찧어 달라는 주문이 있을 때마다 가정용 정미기에 쌀을 찧어서 보내곤 한다.

어느 날 쌀광엘 들어가 보니 집에서 먹느라고 풀어 놓은 쌀자루의 쌀이 적잖이 흩어져 있었다. 누가 쌀을 펐기에 이렇게 엉망으로 흘여가며 퍼냈을까 마땅찮아 하면서 쓸어 담았다. 그런데 다음 날 다시 들어가 보니, 이번에는 풀지 않은 쌀자루 사이에도 쌀이 마구 흩어져 있었다. 그 흩어진 분량이 만만찮은 것이어서 아무래도 사람의 짓인가 보다 하고 다시 쓸어 담았다. 며칠 후 다시 들어갔을 때는 어디선가 심한 노린내가 풍겼다. 심상찮은 냄새여서 쌀자루 사이를 뒤져보니, 쥐똥보다는 굵지만 틀림없는 짐승의 것이 소복하게 쌓여있었다. 혹시 아이들이 집에서 키우는 애완견의 짓인가 하여 데려다가 코를 들이대고 야단을 쳤지만 개의 짓이라는 확증을 잡을 수가 없었다. 다음에 어떤 일이 벌어질는지 알 수 없어 문을 단단히 잠갔는데도 다음 날 들어가 보니 같은 똥이 또 소복했다.

우리는 그제서야 여러 날 전에 들어간 침입자가 있었다는 것을 눈치챘다. 어떤 녀석일까……. 이제 그쯤 쌀을 훔쳐 먹었으면 한동안 견딜 만도 할 테니 그만 나가다오 하는 뜻으로 문을 열어 두었지만 녀석이 나간 흔적은 없었다. 녀석은 계속 쌀을 흘여가며 염치도 없이 똥을 싸놓는 짓을 되풀이했다. "어떤 짐승인지 덫을 놓아야겠어요." 이웃에 사는 조카사위가 성가셔 하면서 덫을 놓자고 했다. 하지만 어떤 짐승인지 알 수 없지만 덫에 잡힐 몰골이 끔찍해서 싫었다. "깊은 겨우살이로 얼마나 배가 고팠으면 이렇게 몰래 들어왔겠어. 저도 먹을 만치 먹으면 제 권속들한테로 갈 테지. 좀 더 두고 보아……." 만류를 했지만 "아이고 이모님, 이러시다가 저 쌀 전부 못 먹게 되면 어쩌시려구 그러세요. 이 노린내가 아무래도 심상찮아요!" 조카사위는 굳이 덫을 사다가 덫에다가 멸치를 물려 놓았다.

다음 날 문을 열어보니 코를 들 수 없는 노린내에 비린내까지 진동, 쌀광의 공기는 비상사태였다. 그런데 이게 웬일? 어제 놓은 덫이 보이지 않았다. 무엇이 그것을 숨겨 놓고 어디에 숨어 노리고 있는지 실체를 알 수 없는 일이어서 모두들 숨을 죽였다. "덫부터 찾아요!" 도대체 덫은 어디로 갔을까. 보이지 않는 짐승한테 우롱을 당한 것이 분했는지, 그래도 덫을 사 온 사람이 쌀광으로 들어갔다. 손에는 몽둥이를 단단히 들고서. 조심조심 들어가 여기저기 살피던 그가 갑자기 비명을 지르며 뒤로 물러섰다. "아이고! 여기가 피 천지네요. 여기 좀 보세요! 여기를!" 풀지도 않은 새 쌀자루 하나가 피로 얼룩졌고 그 근처에도 피가 낭자했다. 드디어 노린내와 비린내는 광 밖으로 쏟아져 나왔다. 아이고! 맙소사! 세상에 이런 지독한 냄새도 있었는가. 모두들 뒷걸음질을 치며 코를 틀어막았다.

기왕에 뛰어든 조카사위는 끝장을 보고야 말겠다는 듯이 몽둥이로 여기저기를 뒤지다가 소리를 질렀다. “아이고! 이런! 이런! 족제비네요! 족제비!” 나는 방문 밖에서 소릴 질러댔다. “그러면 얼른 밖으로 내쫓아! 도망 갈 길을 열어 주어! 어서!” 그래도 방안에서는 후다닥거리며 몽둥이질이 계속되었다. “아이고, 제발 죽이지 말고 그냥 놓아주어!” 그래도 방안에서는 후다닥이 계속되었다. 얼마 만에 조카사위는 덫에 꼬리를 물린 채 축 늘어진 족제비를 몽둥이에 걸고 나왔다. 못 볼 꼴이었다. 죽이지 말랬건만 굳이 죽일 게 무어냐고 원망을 해대니 조카사위는 저대로 할 말이 많았다. “아이고 이모님, 이놈이 어떤 꼴을 하고 있었는지 아시겠어요? 꼬리가 덫에 물린 채 그 덫을 끌고 다른 쌀자루를 공격해댄 겁니다. 그러다가 마대자루를 묶은 끈에 앞발이 묶인 거여요. 이모님이 광 밖에서 하도 살려 보내라고 하시기에 덫째 들고 밖으로 나가서 풀어주려고 했는데, 그 독한 눈으로 나를 째려보더니 꼬리는 덫에 물리고 앞발은 끈에 묶였는데도 껑충 뛰어 달려들지 않겠어요? 이놈이 발만 묶이지 않았더라면 제가 물릴 뻔했습니다. 족제비가 뱀 모가지를 낭창 물고 늘어진 것을 본 일이 있는데 얼마나 모질게 물고 아득아득 깨물어 먹는지 몸서리를 친 일이 있어요. 아이고, 이모님 조카사위 얼굴 살점을 뭉텅이로 잃어버릴 뻔했지 뭡니까.” 너무 끔찍해서 시선을 피했지만, 여러 날을 두고 쌀광을 차지하고 마음껏 쌀을 파먹은 족제비의 털은 황적갈색으로 매끄럽고 부드럽게 빛났다. 입 주위로는 사치스럽게도 하얀 반점으로 치장까지 한 족제비는 그 긴 허리를 늘어뜨리고 미동도 하지 않았다. 얼마나 요동을 쳤는지 꼬리는 반쯤 잘려있었다. 그렇게 꼬리라도 끊고 달아날 일이지, 어쩌자고 꼬리를 물리고도 쌀자루를 파내려고 덤벼들었을까. 조카사위를 시켜 혹시나 하여 덫에서 풀어 놓았지만 이미 숨이 끊어진 뒤였다. 숨이 끊어진 족제비를 일별하다가 문득, 그 냉연冷然하던 달밤이 떠올랐다. 별들도 숨을 죽이고 바람도 사나움을 감추던 그 춥고 춥던 그 밤. 집들은 다시 깨어나지 않을 것처럼 엎드려 있었고, 짐승들은 굴속에서 그 달빛을 건드리지 않으려고 손가락 하나 움직이지 못하던 그 밤에, 족제비 한 마리는 감연敢然히 달빛을 깨뜨리고 눈밭을 흩으며 쌀광을 찾아 숨어 들어갔다. 모두가 숨죽이고 있는 세상을 비웃어가며 –.

피로 매대기를 친 쌀가마 하나는 아예 못쓰게 되었지만 나머지 쌀자루에도 노린내가 진하게 배어있었다. 지독했다. 피가 많이 묻어있는 쌀자루를 끌어내고 피가 튄 자루를 바꾸어 넣는 작업은 상당히 오래 걸렸다. 이웃집 개밥에 쓰라고 쌀을 내어놓았지만 쌀을 며칠씩 물에 담가두어도 노린내는 여간해서 빠지지 않았다. 쌀광의 냄새도 여러 달 갔다. 죽은 족제비가 남긴 악취라니 –.

족제비의 뒷마무리가 대강 끝난 뒤에도 숙제는 풀리지 않았다. 도대체 그 녀석은 어느 틈으로 들어갔을까? 아무리 뒤져보아도 그럴듯한 틈새가 보이지 않았다. 어쩌면 굴뚝을 타고 내려와 구들장 틈을 뚫고 들어왔을지도 모를 일이었지만 끝내 찾아내지 못했다.

하지만 숨어들어온 족제비는 제가 들어온 길을 알고 있었을 것 아닌가. 적당히 배를 채웠으면 돌아갔어야 했다. 아니면 나갔다가 다시 배가 고플 때 찾아왔더라도 목숨을 잃는 일은 없었을 것이다. 방안의 그 먹이가 그렇게 탐이 났으면 길을 닦아놓은 뒤에 제 식솔들에게도 그 길을 안내하여 함께 먹었어야 했다. 그렇게 했더라면 길을 아주 잃어버리는 비극은 일어나지 않았다. 혼자서만 욕심껏 마음 놓고 먹다가 길을 잃었지. 배가 부르면 돌아가야 할 길도 잃게 되는 것이 욕심의 속성이다. 쌀을 실컷 먹었으면 한눈이나 팔지 말던가……. 덫에 놓은 멸치까지 맛을 보자고 달려들었으니 걸려들 수밖에……. 무엇이든지 눈에 띄는 대로 삼키려던 욕심의 눈은 저를 살려 주려던 선심도 알아 볼 수 없게 만드는가. 저 살고자 그렇게 사나움만 떨지 않았어도 살아서 돌아갈 수 있었으련만 –.

흥부놀부 판에도 놀부를 일러, "–날이 새면 행악질, 제 어미 ×할 놈이 삼강을 아느냐 오륜을 아느냐, 굳기가 돌덩이요 욕심이 족제비라……." 했던 것이 족제비의 대명사였던가. 결국 그 욕심의 끝장이 죽음이건만, 족제비의 결국을 보고도 내 속에 도사린 욕심을 털어버리지 못한다면 나 또한 족제비하고 다를 것이 없지 않은가. 욕심이 족제비라……. 족제비가 사람 속을 들여다본다면 뭐라 할 것인가.

# 인어공주의 바늘밭

겨울은 2월의 문턱에서 늘 머뭇거린다. 산사山寺로 가는 길은 적막했다. 아름드리 소나무 숲 아래로 가래나무, 느릅나무 등 낙엽 교목들의 헐벗은 잿빛 가지들이 앙상했다. 겨우내 쌓인 눈밭에서 봄을 향해 발돋움한 나무들의 가지 끝을 스쳐가는 겨울바람은 아직도 매웠다.

주말이 아니어서인지 치악산 구룡사로 들어가는 길은 한적하기 이를 데 없었고, 휘휘할 만큼 조용한 길에서, 얼어붙은 눈길을 밟는 발자국 소리에 산짐승들이 놀라서 푸드득거렸다. 절간은 아주 조용했다. 찡 하도록 투명한 햇빛이 가득 내려앉은 마당에 탑 그늘만 진하고, 사람 그림자 하나 보이지 않았다. 숨도 크게 쉬어서는 안 될 만큼 고요했다.

승방 툇마루에 뽀얗게 씻어 놓은 흰 고무신, 눈부시도록 뽀얗게 빨아놓은 걸레타래, 시나브로 흐르면서 켜켜로 얼어붙은 산 흐름 물두멍, 부엌 바깥 기둥에 걸어 놓은 시래기는 푸른빛을 잃었으나 잘 말라 있었고, 말갛게 씻긴 장독대의 장독들은 겨우내 열어 본 일이 없는 듯 뚜껑마다 흰 눈이 소복하게 얹혀있었다. 처마 밑에는 쏘시갯감 나뭇단이 쌓여 있고 닳아버린 싸리비와 넉가래와 지게가 가지런히 서 있었다.

시간이 멎어버렸는가. 실체實體가 아닌 듯, 사물은 숨을 죽이고, 그림자도 보이지 않았다. 산도 거기 있었고 숲도 그 자리에 있었고 바람도 지나가고 있었으며, 절간의 모든 것들이 제자리에 있었지만 존재감이 따로 없이 모든 것이 투명했다. 맑음, 고요함, 정갈함, 닿지 않았으나 손을 내어 밀 일 없는 충일充溢이며 존재하나 여부與否를 가릴 일 없는 충일이었다. 아아, 인간에게는 아직도 이렇게 기대어 볼 만한 세계가 남아있는 것인가. 문득 잔잔하게 풍경 소리가 흔들리더니 갈가마귀 한 마리가 하늘을 가로 긋고 날아갔다.

갈마귀가 길잡이였던가. 한 쌍의 젊은이가 나란히 절 마당으로 올라섰다. 여자의 외투가 자줏빛이었다. 눈으로 뒤덮인 산을 배경으로 그 빛은 갑자기 따듯하게 다가왔다. 청년은 여자의 어깨를 감쌌고 여인네는 머리를 청년의 어깨에 반쯤 기대고 걸었다. 자줏빛 외투. 그렇지……, 내 가슴 한 옆에는 아직도 녹지 않고 남아있는 2월의 눈이 있었다. 50 몇 년 전, 나는 스무 살의 나이로 자줏빛 외투를 입고 이런 눈길을 걸었었다. 하얀 눈밭과 꽃잎 같은 빛깔의 외투. 혼자 걸어가던 산골길이었다. 태릉, 화랑대, 육군사관학교는 눈벌판 저쪽으로 아득했고, 천지는 걸리는 것 없이 허허했다. 가도 가도 끝날 것 같지 않던 눈벌판을 그렇게 홀로 걸었다.

피난 3년 만에 돌아온 서울은 폐허였고, 가회동 집은 대문도 남지 않은 굴속이었다. 외투가 없는 겨울에 우리 삼 모녀는 미군 담요를 물들여 개갈나게 만든 외투 하나를 두고 차례가 돌아와야 외출을 하면서 지내던 시절이다. 그런 가난 속에서 내 몫이 되어 준 포도주 빛깔의 외투 한 벌은 꿈같은 횡재였다. 그 무렵, 동대문 시장은 구제품 아니고는 장이 설 수 없을 만큼 물건이 귀했다. 처음으로 돈을 쥐고 시장에 갔다가 만난 첫 물건이 자줏빛 외투였다. 둥근 깃에 앞섶에 단추가 조르라니 달린 모양이 유난스럽지 않아서 대학생이 입기에 그런대로 무난한 옷이었다. 그런 외투 한 벌을 얻어 입고 그리도 좋아라 하던 딸이 안쓰러웠던지, 어머니는 그 어려운 처지에 구두값을 몰래 쥐여 주었다. 아아, 하이힐을 맞추자! 키를 키워보자! 종로 2가에 있는 구둣방에서 맞춤 구두를 찾았을 때, 나는 육지의 왕자를 만나기 위하여 말을 할 수 있는 혀를 내어 주고 날씬한 두 다리를 얻은 바닷속의 인어공주처럼 가슴이 터질 것만 같았다. 신데렐라의 유리구두보다도 귀중한 하이힐 한 켤레. 그 구두를 계속 닦아 준 사람은 나보다 나이 두 살 어린 외당숙이었다. 전쟁으로 부모를 잃고 하우스보이로 성장한 외당숙은 여자 대학생 조카의 구두를 닦고, 닦고 또 닦았다. 하우스보이로 연마한 구두닦이는 대학생 구두를 영롱하게 만들었다.

그러나 어찌 상상이나 했으랴. 새 구두는 모양만 예쁜 하이힐이었다. 두 걸음도 못가서 무섭게 발이 아팠다. 말을 할 수 있는 혀를 내어 주고 두 다리를 얻은 인어공주가 왕자와 춤을 출 때, 걸음걸음마다 바늘밭을 밟는 것 같던 아픔과 고통을 나의 첫 하이힐이 감추고 있을 줄이야. 나의 작은 발에 꼭 맞던 예쁜 하이힐은 걸음걸음마다가 바늘밭을 밟는 아픔이었다. 전쟁 직후 가죽인들 오죽했겠으며 구두를 만들던 기술인들 오죽했겠는가. 내 키를 5cm쯤 키워 주고 두 다리를 날씬해 보이도록 만들어 주던 하이힐은 나의 발에 신겨져 있는 한 인어공주의 바늘밭이었다.

이따금 편지를 띄워주던 사관생도. 약속이 되어 있었던 것도 아니었다. 그는 전쟁 중에 학도병이 되어 일선에서 지내다가 휴전이 되면서 육군사관학교를 지망한 소년이었다. 〈티보가의 사람들〉, 〈카라마조프의 형제들〉, 레마르크의 〈개선문〉 등을 일본어 전집으로 읽고 눈물을 글썽거려가며 문학을 이야기하던 군인 같지 않던 미소년이었다. 그때 우리들의 10대는 전쟁과 파괴와, 아무것도 보장되지 않은 미래를 두고 핏기 없는 생존 속에 떠 있을 때여서 열애조차 허용되지 않았다. 연애에도 낭만에도 도무지 당사자가 될 수 없을 만큼 가난하고 춥기만 하던 겨울이 이어지던 때였다. 너무도 춥고 가난하여 누린내 나는 삶이 접근하지 못하던, 인식認識조차 얼어붙었던 겨울이 이어지던 때였다. 그리움에도 실체가 없었고, 만남에도 그림자가 없었다.

그날, 무슨 일로 화랑대를 찾아갈 생각을 했는지 알 수 없었다. 구체적인 그리움이 있었던 것도 아니었다. 편지는 대개 그의 학교 생활에 관한 것이거나, 그 무렵에 읽고 있는 책에 관한 내용이 전부였다. 아마 그날, 무슨 우울한 일이 있어 무턱대고 떠난 길이었지 싶다. 버스 정거장이나 화랑대기차역에서 사관학교까지는 아득한 거리였다. 걷지 않고는 갈 방법이 없었다. 버스에서 내려 아득한 눈벌판을 걷기 시작했다.

그렇게 시작된 행군이었다. 자줏빛 외투 아래 인어공주의 하이힐을 신었으니 고통을 각오한 길이었을 것이다. 예쁜 구두 속의 발은 바늘 밭의 아픔만이 아니었다. 발은 추위에 얼고 얼어서 얼음 조각이 되었다. 아득한 눈벌판 끝자락에 있는 화랑대까지 갈 수 있을는지 막막했다. 걷는 동안 그 길은 현실이 아니었다. 인식認識의 창문까지 첩첩이 닫힌 절망적인 현실 이쪽에서 꿈도 희망도 동물적인 누린내조차 지워버린 고행의 길이었다. 얼마나 고통스럽고 추운 길인지 영혼까지 멍이 들었을 그런 길이었다. 왜 누구를 만나러 가는지조차 잊어버리고 계속 걸었다.

임시 막사처럼 지은 사관학교의 바라크 면회소는 겨울 숲 그늘에 초라하게 엎드려 있었다. 면회가 허용되는지도 알 수 없었고, 약속되어 있는 것도 아니어서 허실수로 그렇게 들렀다가 가리라는 심산이었지만 면회소가 바라보이자 그 자리에 주저앉을 것만 같았다. 그리고 그때까지 목적 없던 행보에 소년의 얼굴이 떠올랐다. 그리웠던가. 그가 보내는 연분홍빛 편지가 가슴에 스며들어 있었던가. 미래도 희망도 단절된 건조한 일상을 벗어나 보려던 행보였던가. 그렇게 쓰러질 듯, 아련한 손길로 바라크 면회소의 문을 열었다. 열린 문에서 따뜻함이 밀려 나왔다. 얼어붙은 전신을 안아 들일 듯-.

그렇게 들어서던 순간, 누구인가 벌떡 일어나는 사람이 있었다. 그 사관생도였다. 그는 자신의 눈을 의심하듯, 숨 쉬기를 잊은 듯 얼어붙었고, 나도 현실감 없는 그 자리에 얼어붙었다. 한동안이 지나자 그는 꿈속의 사람처럼 입을 열었다.

"어떻게 이런 일이……, 어떻게 이런 일이……."

혹시 그에게 누구 면회 올 사람이 있었던가 싶어 먹먹한 눈길을 건네자 그는 말을 이었다. "그냥, 나왔어. 학과 시간이 비어 있었기에 그냥 나왔어요. 그래, 그렇지! 절실한 염원念願에는 얼마나 신비스러운 힘이 있는지……."

눈물 글썽한 그가 미소를 띠고 내 손을 잡아 난롯가에 앉혔다. 목탄에다 석탄을 개어 올려 불을 때는, 무쇠를 대강 두드려 만들어 양철 연통을 이어붙인 가난한 난로였다. 그는 내 손에서 장갑을 벗기고 꽁꽁 언 손을 저의 따뜻한 손으로 비벼 주었다. 여전히 눈물 잠긴 눈으로 신비스러운 대상을 바라보듯 나를 바라보며 - . 그리고 어지간히, 얼었던 손이 녹았을 때, 연필을 든 손으로 난로 연통을 가리켰다. 양철 연통에는 'Rancy' 'Rancy' 연통 높이 가득 '란시'라는 영문자가 새겨져 있었다.

"갑자기 너무 너무 보고 싶어서 무작정 면회실로 나왔던 거야. 한문 글자 이름 연희然喜를 중국어 발음으로 표기하면 '란시'가 되지. 그 이름을 계속 새기면서 만날 수 있게 해 주십사고 뜨겁게 기도했어. 아, 하나님은 정말 아름다운 분이시다!"

그곳에 이르기까지 나는 그의 염원에 이끌려 간 것이었을까. 나를 그곳에까지 이끌어 간 것은 나의 선택이나 의지가 아니라 그의 기도에 이끌려 간 것일까. 잠깐 신기했지만, 실로 이상한 것은 나 자신이었다. 그렇게 따뜻한 자리, 그렇게 절실한 염원으로 새겨진 이름 앞에 앉아있는, 와인 빛 외투를 입은 나는 그의 절실함을 실감하지 못했다. 인어공주의 하이힐을 신고 바늘밭을 밟아가며, 천신만고 눈밭 얼음길을 걸어간 내가 아니었다. '이 난로에서 불이 꺼지면, 연통에 새겨졌던 이름도 식어버리겠지 - .' 그런 생각에 잠겨있었다. 인어공주의 하이힐을 신고 바늘밭을 밟고 눈밭 얼음길을 걸어갔지만 정념情念조차 얼어붙은 철저한 비참이었다.

나의 영혼은 자기중심의 감옥에서 얼굴도 감추고 그 누구와도 그 무엇과도 손잡기를 거절하고 있었다. 영혼이 바늘밭, 얼음밭이었다. 바늘밭을 밟고 걸었어도 그 대상은 왕자가 아니었다. 미래도 희망도 없는 자기학대의 행군이었을 뿐이다. 에로스라는 정념에서조차 정직할 수 없었다. 육체라는 체온 앞에서조차 본능의 더듬이가 마비되어버린 비참이 그 자리에 앉아있었다. 전쟁의 상처가 영혼의 눈을 멀게 만든 자리였다. 목적 없이 살아남아야만 하는, 그래서 먹고 입고 무엇이든 움켜쥐어야만 하는 원초적인 욕구와, 소유에 대한 턱없는 갈망만이 에로스까지 막연한 소유의 기준에 세워둔 비참이었다. 누구든, 사람이 막연했다. 구체적인 대상이 없었다. 존재감을 챙길 겨를 없이 밀려, 밀려가던 전쟁 직후의 자화상이었다. 갈증이 무엇에서 비롯되었는지 모르는 목마름은 진실을 읽는 기능까지 마비시켜버렸다. 막연했으나 끝 모르던 갈망은 인간에게 구체적인 삶이 있다는 것을 믿지 못하게 만들었다. 영혼도 순결도 자유도 질식시킨 전쟁의 후유증은 그렇게 심각했다. 진실과의 대면에 자신이 없었다. 나는 사관생도의 그 순수함이 두려웠다.

포도주 빛 외투와 인어공주의 굽 높은 구두의 '바늘밭' 귀로歸路는 더 시리고 더 처절하게 아픈 고통의 길이었다. 날씬한 두 다리를 얻기 위해 언어言語를 포기했던 인어공주의 비극과 전쟁 후유증으로 진실에 눈멀어버린 여자 대학생. 왕자를 만나 왕자와 함께 소원하던 춤을 추었으나 언어 소통이 불가능하여 왕자를 잃을 수밖에 없었던 인어공주. 하이힐을 신고 키를 높였으나 진실을 읽을 기능을 잃은 처녀.

그리고 나는 결혼의 신성神聖을 야합野合으로 망쳐 한 남자를 불행하게 만들고, 깊은 수렁을 헤맬 수밖에 없는 젊음을 지옥처럼 살아야 했다. 삶의 실체로 모순과 불합리의 감옥을 깨어 부술 수 있다는 믿음을 배척하면서 –.

고통은 끝이 없었다. 숙명이었을까. 타고난 성정性情 탓이었을까. 하지만 그 고통만이 사랑에 대한 불신의 감옥을 깨트려준 마지막 도구였다. 돌 하나도 돌 위에 남지 않은, 허물어진 불신不信의 신전神殿 위에서 만난 것은, 자기중심의 이기의 껍질을 깨고 나온 순연純然한 생명체, 벌거벗은 자신을 볼 수 있는 눈이었다. 하늘이 보이고 땅이 보이고 사람이 보이고 그 모든 것 속에 따뜻하게 살아계신 하나님을 만났다. 자연과의 원초적 해후가 이루어졌고, 그렇게 자연 속에 존재하는 나의 생명은 사유思惟의 독립성과 무한에 가까운 자유를 얻었다.

자줏빛 외투와 인어공주의 바늘밭 구두, 그리고 양철 연통에 그리운 이름을 쓰던 소년을 향하여 이제서야 편안한 미소를 띄워 보내노니, 그는 지금도 어디엔가에서 권력이나 명예라는 허겁병에 걸리지 않은 영원한 소년으로 살고 있으리라.

치악산의 마지막 겨울은 시간에 묶여있지 않았다.

# 봄눈

무슨 소리였을까. 소리였을까. 깊은 밤, 잠이 깨어 귀를 기울여 보았지만 무슨 소리가 잠을 깨웠는지 알 수가 없었다. 귀로 들은 소리가 아니라 가슴으로 스며든 소리 같기도 했다. 전전반측 잠을 청해도 다시는 잠이 오지 않았다. 이리 뒤척 저리 뒤척 고시랑을 하다가 책을 펼쳐보기도 하고 다시 눈을 감고 이 공상 저 공상을 하다가 새벽이 되었다. 몇 시나 되었을까, 덧창문 사이로 희부연 새벽빛이 머리를 들이밀었다. 일어나 덧문을 열었다. 아, 천지가 백설이었다. 눈 내리는 소리가 귀 아닌 가슴을 흔들어 잠을 깨웠구나. 3월도 거반 보내놓고 4월을 바라보면서 그래도 겨울은 떠나기 아쉬웠는지, 공중을 함박눈으로 가득 메우고 있었다. 숲은 흰 꽃 더미였다. 침엽수는 함박꽃처럼 탐스러웠고 낙엽교목이며 관목들은 겨우내 앙상하던 가지에 포근한 눈옷을 입고 있었다. 가슴이 설레었다. 겨울의 이별 잔치. 이렇도록 화려하면서 아쉬움으로 가득 찬 이별을 마련하느라고 이 하루의 봄밤은 잠들지 못했었구나. 한밤 새 내린 함박눈이 내 꿈을 깨워 잠들지 못하게 했었구나. 비록 두꺼운 나무덧문을 사이에 두었지만 이렇게 황홀한 함박눈이 밤새 내리는데, 아무리 깊던 잠인들 어찌 깨어나지 않을 수 있었으랴. 그렇게 미적미적 뒤척거리지 말고 진작 일어나 문을 열었어야 했다. 내 잠을 깨운 것이 춘설春雪의 속삭임이었거늘. 아까워라…….

함박눈은 계속 내렸다. 탐스러운 눈발은 나를 밖으로 불러냈다. 새 발자국 하나 없는 그 순백의 눈밭을 차마 밟을 수 없었다. 한 뼘도 더 쌓인 눈밭에 가만히 손을 밀어 넣으니 눈은 한겨울 눈하고 달리 포근한 물기를 머금고 있었다. 그리고 칼바람을 일으키는 한겨울 눈 같지 않게 무게가 있었다. 눈밭으로 내려설 수가 없어 처마 끝에 서 있으려니, 간단없이 내리는 눈은 나를 한 그루 겨울나무로 만들기 시작했다. 눈꽃을 피게 해 주려는 듯 어깨며 등에 골고루 내려앉았다. 눈은, 하늘과 땅 사이에 나를 세워 놓고 자연의 일부가 되어 뿌리내리라 했다. 생명의 충일, 그리고 조화였다. 자연과 하나가 되는 경건한 예배였다.

키가 크면 큰 대로, 키가 낮으면 낮은 대로 더도 덜도 없이 흰 눈에 감싸인 백설의 세계. 충만으로 이루어지는 정적. 황홀한 해

후. 그리고 숨겨지는 것 없이 시작되는 아름다운 비밀……. 모든 것을 덮어주면서 모든 것이 펼쳐지는 아름다움이었다. 바람도 없는데 눈은 높은 나무에서 눈 무더기가 되어 후두둑 후두둑 내려앉는다. 얼마나 푸근한 자연의 언어인가. 눈 무더기가 투덕투덕 떨어져 내리는 소리에 이끌려 조심스럽게 발밑을 내려다보니 그렇게 두껍게 쌓인 눈의 두께도 한겨울 눈보다는 허술했다. 허벅한 봄눈은 발밑에서 물기가 되고 그렇게 신발 바닥에 닿던 잔디는 이미 물기를 머금고 있었다. 밤새워 허위허위 내리던 함박눈은 그 백설의 세계를 오래 간직할 수 없다는 것을 알고 있었기에 깊은 밤을 빌려 겨울의 남은 이야기를 한껏 풀어 놓은 모양이다.

백설의 세계 저쪽에서 문득 고라니 한 마리가 달려온다. 그렇게 나타난 고라니는 생명의 빛이었다. 눈밭에 찍히는 고라니의 발자국은 앙증맞은 꽃무늬였다. 그렇다, 자연을 누리는 생명은 빛이다. 그런데 엊그제 방송사는 "눈을 맞지 말라. 눈에 미세 먼지가 섞여 있으니 눈을 맞지 말라." 아우성이었다. 함박눈을 맞지 않으려고 우산도 쓰고 모자도 쓰고 전신을 칭칭 감아 눈을 방어한 시민들의 종종걸음이 부산스러웠다. 눈을 맞지 말라는 아우성. 이제는 눈사람도 만들 수 없고, 눈썰매도 지쳐서는 안 되고, 눈싸움도 그만, 함박눈 속을 거니는 연인들의 속삭임도 끝이라니 -. 이제 눈은 전설이 되고 말았나. 눈만 내리면 염화칼슘을 퍼붓는 큰 거리에서 눈은 지청구덩어리가 되었다.

해가 올라오면서 눈발이 가늘어지더니 지워질 것 같지 않던 백설세계는 소리 없이 녹아갔다. 숲이 잠깐씩 머리를 흔들고 새들이 눈 무더기를 흩으면서 보금자리를 떠난다. 아침 햇빛 속에서 봄눈은 겨울의 미련을 부끄러워하면서 땅으로 조용히 잦아드는 순리를 보였다. 봄눈, 겨울의 수줍던 미련. 밤새워 쏟아지던 함박눈은 환상이었던가. 봄기운 머금은 한낮의 햇빛은 산천이 입고 있던 흰 옷을 꿈결처럼 벗겼다. 봄눈의 약속은 믿을 것이 못 되던가. 미련으로 남겨졌다고 믿었던 겨울 이야기는 꿈이었던가. 그렇게 봄눈처럼 녹아내린 한나절이 아쉬워 서성거리는데 해가 이울자 눈발이 다시 날렸다. 그러나 머뭇거리던 눈발은 어쩔 수 없이 잦아들고 저녁놀은 타듯이 붉었다.

밤에는 잔설을 눈부시게 만들며 열하루 달이 청청했다. 그늘진 자리에 남아있던 봄눈과 달빛이 어우러지던 밤이 지새자 아침은 찬란했다. 언제 눈 같은 것이 있었더냐 싶게 봄날 새 빛으로 눈뜬 아침은 눈부셨다. 김장 무를 묻었던 움막에서 걷어낸 짚단에 밤사이 하얗게 서리가 내리고, 아침 햇빛은 짚단의 서리를 간지럽혀 자지러뜨리고 있다. 서릿발, 그 미세한 얼음조각에 어떻게 그런 빛이 넘놀 수 있을까. 입김이 닿을세라 숨을 죽이고 언제까지, 언제까지 들여다보았다. 햇빛 한줄기만 닿으면 순식간에 없어져버릴 서릿발과 함께 스러지고 말 빛이었지만 그 영롱한 빛이 존재하는 시간 속에는 누구도 허물지 못할 영원함이 있었다.

아름다워라 삼라만상, 그리고 이른 봄날 아침. 솔잎 끝에서 넘노는 햇빛도 눈부시고, 주검이 되어 아무렇게나 얽혀있던 잡초더미도 황금빛으로 황홀하게 들고 일어난다. 벌써 머리 빗은 듯한 텃밭이 있어 다가가니 잘 다듬어진 밭에 마늘 싹이 쫑긋쫑긋 눈을 내밀고 있었다. 연두색 새싹은 흙을 비집고 햇빛을 눈부셔 했다. 흙이 겨울잠을 다 자고 눈을 뜬 것이다. 마늘 싹에서 땅의 숨소리가 들렸다. 밭고랑에 무릎을 꿇었다. 흙에 얼굴을 묻듯 고개를 숙이니 새싹의 생명이 내 몸속으로 흘러들어 온다. 흙의 숨결과 함께. 그렇게 흙의 숨을 들이쉬노라니 내 몸속의, 내 생각 속의 너절한 잔근심이 스러진다. 어제 그토록 탐스러운 함박눈이 내린 것은 이 마늘 싹을 초대하기 위한 잔치였던가. 거룩하여라. 자연의 섭리. 나를 불러 자연과 하나가 되게 만드는 이 은총. 마늘 싹 앞에서 내 생명은 희열로 날갯짓하기 시작했다. 자연 속에서 창조주를 만난 기쁨의 노래와 함께.

사람들이 먹어 치울 식물인데, 이 마늘 싹은 어떻게 이렇도록 거룩하고도 신비로운 모양새로 흙을 뚫고 돋아나는가. 이렇게 정성을 다하여 살고, 이렇게 열심히 자라는가. 사람들에게 간단히 먹힐 식물이……. 그렇게 밭고랑에 무릎을 꿇고 있으려니까 지난 겨울 이 밭을 갈던 덕이 할아버지가 떠오른다. 덕이 할아버지는 가을걷이를 마친 뒤에 꽝꽝 얼어붙는 겨울이 될 때까지 산에서 가랑잎이며 솔잎을 긁어모아 밭에 덮었고, 가랑잎 덧옷을 입은 밭에 마늘을 심었다. 그렇게 겨우내 언 땅속에서 견딘 마늘은 어느 푸성귀보다 일찍 머리 위의 흙을 들어 올리고 싹을 밀어냈다. 싹 틔우고 알을 배기 위해 한겨울 주검과 같은 언 땅을 묵묵히 견딘 것이다. 그리고 늦봄이면 벌써 우리들의 여름살이를 위하여 캐내어지고 집집으로 들어가 한여름 김칫거리에 쓰인다. 덕이 할아버지의 손으로 심겨진 마늘은 이렇게 기적 같은 생명으로 솟아났고, 할아버지는 이 파릇파릇한 싹을 바라보면서 그 어진 얼굴에 소 같은 이빨을 허옇게 드러내 흐뭇해하며 웃으리라.

세상의 어느 풀도 어느 짐승도 사람이 먹고자 하면 그저 잠잠하게 먹힌다. 기꺼이 생명을 바쳐 제물이 되고, 어김없이 먹은 자의 생명이 되어 준다. 인간은 그 생명의 고리를 일러 순리라 하던가. 그러나 인간만은 남에게 먹히기를 막무가내로 꺼리는 존재가 아닌가. 푸성귀, 채소, 해물, 소, 돼지, 닭 등 끝없이 남의 생명을 걸터듬질하여 먹으면서 그것도 성에 차지 않아 더 거두고 더 쌓아놓으려고 갖은 짓을 다 저지른다. 옛날에 계란찜이 밥상에 오른 날은 특별한 날이었다. 울타리 밖에서 마음 놓고 돌아다니던 닭은

한 식구였다. 이제 계란은 울타리 밖에서 평화롭게 돌아다니는 닭이 낳는 알이 아니라, 공장도 대형, 수천 수만 마리를 한꺼번에 키우다가 AI인지 조류독감이 의심되면 수십만 마리를 한꺼번에 살처분殺處分하는 잔학한 손길에서 얻는 끔찍한 알이다. 인간은 제 생명의 텃밭을 마구 죽여가고 있다. 씨 뿌려지고 그 씨가 싹을 내밀어 자라는 토양을 온갖 살충제와 농약으로 죽여가고 강과 바다를 헤작질하여 못쓰게 만들고 있다.

생명의 순리 앞에 겸손하지 않으면 인간이 파멸을 면치 못하리라는 것을 이론으로는 떠들고 있으면서 인간의 작태는 좀처럼 달라지지 않는다. 봄눈은 녹고 새싹은 자라서 먹이가 되고, 먹힌 것은 먹는 자의 생명이 되는 아름다운 고리를 만들건만, 사람만은 그 고리 안으로 들어가지 않고 고리를 손아귀에 틀어쥔 채 얼마든지 행패를 부리고 있다.

지구라는 아름다운 행성에 태어나, 별처럼 빛나는 오성悟性을 안고, 영원과 사랑을 노래할 특권이 주어졌건만, 인간은 더 이상 그런 인간이기를 버린 자리로 스스로 내려앉은 것은 아닌지 -.

이렇게 아름다운 마늘 싹이 자라는 동안, 중국 대륙에서는 미세먼지와 산성비가 쏟아져 올 테고, 지구 온난화 현상으로 언제 어느 바다가 쓰나미로 뒤집혀 달려들는지. 인류의 미래는 슬픈 얼굴로 다가오고 -. 에메랄드 빛깔의 마늘 싹을 만난 이 순간의 은총 안에서 슬픔이 아직 남은 것은 은혜일까. 대지의 기도祈禱와 같은 지순한 푸르름 앞에 귀를 기울여 지혜와 사랑을 간구할 뿐이다. 사람이 제 생명을 순리에 맡길 생심만 있으면 지구 위의 모든 것이 다시 살아날 길이 있으련만-.

그늘의 잔설 밑에서 냉이가 살며시 고개를 내밀고 있다.

# 삶의 쉼표

논두렁길이 푹신하게 느껴질 때쯤이면 영락없이 햇빛도 풀어져 있다. 겨우내 발걸음을 튕겨낼 듯 탱탱하던 논두렁의 푹신한 감촉이 좋아서 차마 발걸음을 재게 옮겨 디딜 수가 없어진다. 땅김이 발바닥으로, 정강이로, 배로, 가슴으로 번져 올라와 머리 정수리에서 새싹이 움터 일어설 것만 같다. 새소리도 완연하게 다르다. 풀어진 하늘자락을 부리에 물고 얼마나 멋스럽게 지저귀는지. 그렇게 작은 몸집으로 어찌 저리도 무한 자유를 누리는지.

수수꽃다리, 앵두, 자두, 능금, 당단풍 등 겨우내 죽은 듯이, 삭정이도 앙상하게 서 있던 나무마다 그 앙상하던 가지에 꽃눈을 밀어내고 있네. 일제히 서로 뒤질세라, 감당할 수 없을 만큼 한꺼번에 잎눈과 꽃눈을 밀어내고 있다. 그중 꺼칠해 보이던 산수유는 누구보다 부지런하게 노릇노릇 자잘한 꽃송이를 수줍게 피워내고 있다.

그런데 이맘때면 어김없이 내 사랑니 잇몸이 들고 일어나 고생을 하는데, 수십 년을 두고 그저 봄을 타는 것이려니, 아니면 좀 고단해서 그랬는가 했다. 때로 볼을 싸쥐고 으레 그러려니 하면서 넘겼는데, 금년에서야 그것이 대지大地가 몸을 풀듯 봄기운에 인체人體 또한 부풀어 오르는 것이 아닌가 짚어보게 되었다. 논두렁을 딛고 서서 그 깨달음이 흐뭇해서 히죽이 웃음이 나왔다. 그렇게 웃다보니 지근지근 아프던 잇몸도 통증을 후르르 털어내는 듯했다. 돌이켜 보면 그것은 통증이 아니라 생체의 현상이었던 것뿐인데 나는 그것을 아픔으로 받아들인 것이 아니었을까. 산모가 해산할 때 몸을 틀듯, 봄이면 땅도 그렇게 몸을 틀고 있는 것. 우리 몸이 흙이니 계절을 따라 움직일 때에 우리 몸도 부풀고 틀어지고 하면서 봄을 맞이하는 것 아닐까. 내 잇몸이 들고 일어나면서 둔통鈍痛을 일으키듯 대지도 그렇게 우리한 아픔을 겪을는지도 모를 일. 볼을 싸쥐고 땅을 향하여 귀를 기울여 보았다. 땅의 소리를 들을 수 있으면 사람의 몸도 그 소리에 맞추어 따라가고……. 그렇게 우리 몸의 변화가 통증만이 아니라 한 가지 흐름이라는 것도 수용하게 되지 않을까…….

이제는 사람들이 땅기운 따라 사는 것이 아니라 날이면 날마다

'병원'! '병원'!을 찾는 일을 일상으로 삼고 있다. 병원이란 '병病의 집院'이라는 뜻이다. 병의 집에 병을 안고 찾아가 보았자 무슨 뾰족한 수가 있을까. 우리말은 원래 의료원醫療院이었던 것을 일본이 들어와 '병원'이라는 이름을 내어 걸었고 우리는 아직도 우리말을 찾지 않고 '병病의 집院'을 찾아가고 있다. 십수 년 전부터 의료원으로 바로잡자는 운동을 벌여왔으나 아직도 고치지 못한, 그야말로 병원이 많다. 이제는 툭하면 그저 병원이 우선이다. 어느 때는 밥이나 반찬 가짓수보다 더 많이 색색가지 약을 먹어대니, 흙으로 빚어진 몸이 그 많은 화학재료의 약을 어떻게 다 흡수할 수가 있을는지 근심스럽다. 너무도 똘똘하고 알락달락, 색깔도 현란한 그 약을 먹어, 한 가지 병만은 호전이 되어 줄는지 모르지만 그 많은 약을 흡수하기 위해 인체의 다른 기능이 얼마나 힘겨워 할는지 따져 볼 겨를도 없다.

웬만한 병은 앓을 만큼 앓으면 저절로 낫는다. 우리 몸은 스스로 치유할 만한 치유력을 타고났다. 교통사고라든가 화상火傷이라든가 하는 재난과 사고, 현대의 불치병만 아니라면 병이 찾아왔을 때 당장 내어 쫓으려고 서두를 일이 아니지 싶다. 무릇 우리가 살고 있는 이 세대는 속도 때문에 무너지고 말 것 같다. 단 하루도 누워 앓을 시간이 없다. 남들이 저렇게 숨차게 달려가는데, 대단치도 않은 감기나 위장병 같은 것 때문에 누워있다니 어불성설이지! 그래서 뒤질세라 약을 밥 먹듯 하면서 뛰쳐 일어나, 달리는 대열에

끼어들고야 직성이 풀린다.

어디가 아프다는 것은 우리들 일상에 쉼표를 찍어 보라는 신호다. 불치의 병만 아니라면 며칠쯤 몸을 누이고 앓는 것도 은총이다. 몸을 누이면 마음도 고요해진다. 그렇게 고요해진 마음에 내 얼굴이 보인다. 살아온, 그리고 살고 있는 흔적도 보인다. 인생에는 개칠改漆이라는 것이 허락되지 않지만, 휘었거나 구부러진 것, 얼룩진 것을 닦아낼 수는 있다. 몸을 뉘어 앓을 때, 내 인생의 그런 부분이 보이지 않던가. 그래서 어린아기의 감기나 체기 혹은 홍역을 두고 '크느라고 그런다.'고 했을 것이다. 어린애의 병앓이를 두고 성장을 위한 밑거름이라 여겼던 우리네 선조들의 지혜는 얼마나 멋스러운 것이었던가. 어른도 앓다가 일어나면 한동안은 어질다. 앓는 동안에 탐심도 엷어지고 질투나 미워할 일도 없어져 마음이 맑아지는 덕이다. 중병만 아니라면 웬만한 병은 사람이 필요로 하는 아름다운 쉼표다. 쉼표가 없는 문장文章을 읽으려면 숨도 차고 의미도 얼른 터득이 안 되듯이, 쉼표 없는 일상은 대패밥이나 톱밥처럼 우리들 본래의 삶도 시나브로 부스러기가 되어 흩어지고 말 것이다.

이제는 누구도 가만히 누워 있으려고 하지 않는다. 귀도 눈도 가만 두지 않는다. 티브이를 켜 놓아야 하고, 전화기로라도 떠들어야 하고, 스마트 폰인가를 손에 쥐고 있어야 한다. 속도라는 것에 중독된 모습이 그렇다. 한동안 '빨리! 빨리!'는 우리나라가 만들어 낸 신조어新造語로 알려졌다. 빨리 벌어서 남보다 잘살아야 되고, 빨리 출세해야 되고, 빨리 유명해지는 것을 인생의 목표로 삼았다. 그렇게 달리면서, IT 강국이 된 우리나라가 OECD 국가 중 자살률 1위가 되었으니 - .

과학은 창조의 섭리를 뛰어넘어 복제인간을 만들 추세를 보이고 있다. 무엇으로도 늦출 수 없는 속도를 바라보며 어느 과학지에 발표된 글이 떠올랐다. 창세기에 기록된 노아 시대에, 인간의 인지認知가 어느만큼 발달했었는가에 대한 글이다. 태양열을 이용하여 현재의 원자로하고는 비교할 수 없는 에너지를 개발해서 썼고, 인간이 땀 흘릴 일 없이 일 년에 몇 번씩 수확을 했으며, 여자들은 출산을 위하여 열 달씩 기다릴 필요가 없었다고 했다. 태어난 아이는 송아지처럼 그 자리에서 걷거나 뛰어다녔다던가. 머지않아 복제인간을 얼마든지 만들어 낼 수 있게 된다는 유전공학 발달 기사를 읽으면서 인간 기술 발달의 속도가 어떤 재앙을 몰고 올는지 두려웠다.

개나리가 피는 것을 지켜보며 진달래가 활활 타오르고, 진달래의 꽃그늘을 발치에 두고 벚꽃이 만발하고, 벚꽃의 꽃구름을 바라보며 목련이 눈부신 구름으로 내려앉는다. 산에, 들에, 마을에 꽃이 피기 시작하면 걷잡을 수가 없다. 꽃들이 그렇게 숨 막힘으로 타올라, 한 가지의 꽃 앞에만 머무를 수가 없다. 하지만 그렇게 불붙듯 피는 꽃들이라고 갑자기 피는 것은 아니다. 꽃눈은 가을에 잎이 떨어지면서 그 잎눈 자리에 배태된다. 사계절이 뚜렷한 지역의 나무들은 그렇게 낙엽과 함께 꽃눈을 심고 그 기나긴 겨울, 죽음과 같은 침묵과 추위를 견딘 연후에 목피木皮를 찢으면서 꽃으로 피어나는 것이다. 잎눈이고 꽃눈이고 가지를 밀고 나올 때, 그 가지는 터지고 찢어진다. 그것은 나무의 해산解産이다. 자연의 절차는 앞당길 수도 없고 건너뛸 수도 없다. 순리는 속도 아니라 삶이다. 그냥 제 삶을 살아가면서 이루어지는 것뿐, 서두르는 목숨이 따로 없다.

"우리의 연수年數가 칠십이요, 강건하면 팔십이라도 그 연수의 자랑은 수고와 슬픔뿐이요, 신속히 가니 우리가 날아가나이다." 이스라엘 장정 60만을 이끌고 광야 40년을 걸어 헤매던 모세도 인생 80을 두고 '날아간다'고 탄식했다. 그냥 생긴 대로 살아도 날아가듯 가는 인생을……, 무엇이 그리 급해서 천지에 석유를 흩뿌려, 비행기로 자동차로 하늘 땅 다 버려가며 서둘러 달아나고 있는지 - .

이 봄만이라도 꽃을 찬찬히 들여다보자. 꽃을 어떻게 건성 바라볼 수 있는가. 어떻게 꽃을 꽃이라는 이름으로만 불러가며 건성 훑고 지나 갈 수가 있는가. 이 봄만이라도 꽃 앞에 서서 문명의 속도에 제동을 걸어보자. 꽃이 무어라 이르는가 귀를 기울여 보자. 문명의 속도에 꽃들이 미쳐버리기 전에 진정한 꽃의 의미를 만나보자. 몸을 풀고 있는 대지 위에서, 땅과 함께 부풀어 오르는 내 몸을 굽혀 대지에 제례祭禮를 드리자.

# 생명 무늬

겨울 추위를 소리 없이 견딘 새들이 부리에다 봄을 물고 온다. 새들의 지저귐이 무지개 빛깔을 뿜어내고 있다. 봄볕 가득 가물가물하던 허공이 갑자기 달콤하게 흔들린다. 새들의 지저귐이 감미롭다. 새들은 어떻게 저리 절기를 신묘하게 아는지, 봄 하늘을 나는 새들의 지저귐은 소리만이 아니라, 현란한 빛깔의 넘노님이며 달콤함이다. 햇빛은 새들의 부리에서 금빛 은빛 가루를 흩날리는 무수한 현絃이 된다. 분주하게 날아다니는 새들은 아직 일어나지 못한 풀들을 일으키고 아직 눈뜨지 않은 꽃들을 흔들어 깨운다. 일어나라! 눈을 떠! 날갯짓으로 바람을 일으켜 가며 꽃을 재촉한다. 내 몸의 세포도 새소리에 이끌려 겨울 흔적을 활활 털고 있다.

건넛마을 덕이 할아버지가 고추 모종을 키우는 비닐하우스에서 허리를 펴며 밖으로 나온다. 밭둑에 허리를 걸치더니 담배에 불을 붙여 연기를 후우 뿜어낸다. 그이도 새소리에 이끌려 나왔는가. 하늘 한번 쳐다보고 담배 한번 뿜어내는 모습이 그지없이 한가하다. 솔숲과 저수지 그 너머 병풍처럼 둘려 이어진 산자락을 처음 만나는 사람처럼 천천히, 천천히 둘러보며 피우는 담배연기가 신선의 수염 같다.

그래……. 자연을 바라보는 일에는 안경이 필요 없지. 먼 산, 지평선, 은하수, 낮달, 밤하늘의 별과 달, 깊은 숲을 바라보는 일에는 안경이 쓸데없다. 그런데 현대인들은 안경 없이는 사물을 제대로 볼 수 없을 만큼 눈이 나빠지고 있다. 서너 살짜리 안경잡이(좀 상스러운 표현이지만)가 점점 늘어간다. '현대인은 거의 평생을 20m 이내만 보며 살아간다.'고 어느 안과의사가 말했다. 우리들의 일상은 TV, PC, 전자오락, 노래방기계, 만화가게, 이제는 만화도 버려지고, 어른이고 아이고 거의가 스마트폰에 얼굴을 처박고 살아가고 있으니 아득한 곳, 먼 데를 바라보는 기능이 없어져 가고 있다. 모두가 무슨 조증燥症 들린 사람들처럼 한자리에 진득하게 앉아있지를 못한다. 공간적인 시계視界뿐 아니라 시간으로도 늘 쫓기고 쫓기기 때문일 것이다. 현대인들에게 영원永遠은 선사시대의 신화神話 정도로 남아있고, 그 신화의 끝머리까지 잊혀, 존재감 없이 허덕거리다가 떠난다.

현란한 무지개무늬의 새소리가 찰나적인 것 같지만 듣는 이의 영혼을 불러 일깨우는 그 소리에는 영원의 숨결이 스며있다. 그것은 스쳐 스러져가는 것이 아니라 영원을 사모하는 영혼에게 생명무늬로 남겨진다. 그러나 새들은 누구에게 기쁨을 주기 위해 노래하는 것이 아니다. 그저 새들의 삶을 그렇게 살고 있을 뿐. 봄을 알아 즐거워하고 햇빛이 따스하여 날갯짓을 할 뿐이다. 스스로 무슨 선한 일을 한다고 지어 하는 짓도 아니고 제 소리가 멋있다고 느끼는 일도 없을 것이다. 그저 있는 그대로의 생명을 살아갈 뿐이겠다.

얼마 전, 난생처음 '디너쇼'에 초대되어 간 일이 있었다. 푯값도 엄청나고 으리으리한 호텔에서 호화로운 음식을 들면서 유명한 가수의 노래를 듣는 잔치라고 했다. 푯값에는 자선사업에 쓸 돈이 들어있어 그렇게 비싸다고 했다. 잘 알려진 가수였을 뿐 아니라 이따금 듣게 되는 노래도 마음에 들던 가수여서 그 공연 자리를 고맙게 여기며 참석했다. 겨울이기도 했지만 그 화려한 호텔 로비는 장안의 털이란 털이 다 모였다. 밍크, 친칠라, 깎은 밍크, 무슨 무슨 이름도 알 수 없는 진귀한 털 코트로 가득 찼다.

천여 명 가까운 사람들이 화려한 식탁을 빽빽하게 메우고 앉아 있는 것을 보며, 그 비싼 표가 이렇게 매진되었다는 것은 역시 이런 자리가 신분 상승을 뜻하는 것인가 신기했다. 식사가 대강 끝나면서 노래가 시작되었다. 오케스트라도 대단했고 그 유명한 가수의 무대 매너도 뛰어나 장내는 곧 화려한 공연장이 되었다. 가수는 역시 전신을 던져 노래했다. 박수도 나오고 앙코르를 외치는 소리도 간간 들렸다. 그런데 한 곡 두 곡 이어지면서 조금 불편한 일이 일기 시작했다. 노래하던 사람이 노골적으로 화를 내기 시작한 것이다. "왜 우리나라 사람들은 이렇게 박수에 인색해요?" "왜 우리나라 사람들은 감동 없이 노래를 들어요? 태도가 이렇게 미적지근하다니 -." 한 곡 한 곡 부르고 난 뒤면 거의 예외 없이 그렇게 불평을 해댔다. 가수가 화를 내니까 박수 소리는 어느만큼 커졌지만, 야단맞듯 눈치 보며 치는 박수라는 것이 어떻게 번번이 가수의 마음을 흡족하게 해 줄 수 있었으랴. 가수는 또 화가 나고 또 화가 나서 한 곡이 끝날 때마다 박수 때문에 계속 청중을 나무랐다. 노래를 부르는 사람이 그렇게 불편해하니까, 처음에 흥이 돋우어지던 장내가 조금씩 식어가기 시작했다. 박수를 열심히 치던 사람까지 눈치가 보여 신명을 잃을 수밖에 없었다. 그날, 그 자리에서 다른 사람의 심기가 어떠했는지 모르겠으나 나는 대단히 씁쓸한 여운을 안고 돌아왔다. 그 가수가 그렇게 박수 때문에 짜증을 내고 스스로 불편한 심기를 드러내지 않았다면 훌륭한 공연으로 기억에 남았으련만…….

노래는 반드시 들려주기 위한 목적만 있는 것은 아닐 것이다. 그저 노래가 좋아서 노래를 하다 보면 이름난 가수도 되고 그러는 것 아닐까. 휘황찬란한 무대가 이루어지기까지 곡절도 많고 박수

갈채에 따라 가수의 기분도 좌우되기는 하겠지만, 노래하는 사람은 노래를 부르는 그 자리가 노래로서 전부여야 하지 않겠는가. 처음부터 노래가 좋아서 시작된 노래라면, 노래를 부르는 그 자리가 삶의 시작이고 완성이어야 하고 좋아서 부르는 그 일만으로 행복해야 하는 것 아니겠는가.

디너쇼에 다녀 온 얼마 후에 책이 한 권 출간되었다. 두고두고 조르던 출판사에서 만든 책이니 광고도 하고 책도 잘 팔아 주려니 했는데 아무것도 이루어지는 것이 없었다. 기분이 좋을 리 없었다. 증정본을 받은 몇몇 이웃이 '받은 책을 두 번 읽었소.' '책을 읽다가 눈물을 흘렸소!' 해주어 조금은 위로가 되었지만 출판사에 대해 섭섭한 마음이 쉽게 가시지 않았다. 그러다 문득, 디너 쇼 무대에서 청중에게 박수가 인색하다고 짜증을 내던 가수의 얼굴이 떠올랐다. 그저 노래가 좋아서 가수가 되었다면 거기가 어느 자리가 되었건 저 좋아하는 노래를 부르면 그것으로 좋았을 일……. 웬 갈채를 그리 목말라 했을까. 씁쓸하던 그 뒷맛이 되살아나면서 그 씁쓸함이 나의 내면 깊은 곳에 숨어 있던 속물근성과 딱 맞아떨어졌다. 약속했던 광고도 하지 않고 책을 잘 팔아 주지 않는 출판사를 두고 못마땅해하고 있는 내 얼굴과, 박수가 인색하다고 청중을 나무라는 가수의 얼굴이 하나로 겹쳐졌다.

제각기, 저 타고났거나 선택한 길에서 제 살림을 살아가다가 어느 부분에서 흥이 솟고 그것이 절로 넘치면 글도 되고 그림도 되며 노래가 되어 나오는 것이 예술이다. 그냥 저 좋아서 하는 짓이 누군가의 마음에 들면 서로 뜻이 통하는 영혼과 영혼의 교감을 이루고, 그것이 한 사람이 되었건 두 사람이 되었건 그렇게 한 세상을 이루는 것이 예술의 세계일 것이다. 저 좋아서, 짓이 나서 하는 자연스러운 생명 무늬를 일러 예술이라 하는 것은 아닐까. 예술가藝術家라고 불러 일가一家를 이룬 사람을 따로 쳐 주기도 하겠지만 그 일가를 이루었다고 인정해 주는 것이, 정작 당사자의 창작 행위에 무슨 도움이 되겠는가. 내가 쓰고 싶은 이야기가 있어서 쓰기 시작하고, 내 마음에 좋게 여겨져 그렇게 썼으면, 그리고 글을 쓰던 동안이 즐겁고 좋았으면 그것이 그저 내 살림이 되는 것 아닐까. 살림 살던 동안 넘치는 부분이 있어 그것이 절로 넘친 흥이 되었다면 그것은 저 자신의 삶의 흥이요 고마운 덤일 뿐이다. 남들이 누리지 못하는 세상을 살 수 있었던 행복일 것이다. 따뜻한 말 한마디, 이웃의 고통을 함께 아파하는 가슴, 누구와 더불어 함께하는 슬픔, 기쁨, 모든 것이 생명의 무늬다.

꺾꽂이를 한 울타리의 개나리가 십여 년이 되니 감당을 할 수 없을 만큼 큰 둥치를 이루고 어우러져 피었다. 소나무 밭 그늘을 가득 메운 진달래도 건잡을 수 없을 만큼 흐드러졌다. 힘차게 뻗어가는 개나리 줄기가 다른 나무를 뒤덮어버려 꽃이 한 차례 피고 나면 가지치기를 과감하게 하지만 봄이 되면 천지를 가득 노란빛으로 물들이며 피어나고는 한다. 집 둘레의 개나리, 진달래, 벚꽃이 한꺼번에 가슴을 흔들어 놓는 계절이 왔다. 꽃이 아까워서 꽃을 등지고 나들이를 하기가 미안한 계절이 봄철이다. 며칠 집을 비웠다가 돌아올 때면 못 보던 동안 꽃의 나이가 들어버린 것이 아깝기 그지없어 밤이 깊도록 꽃 앞에서 서성거리게 마련이다.

그러나 꽃은 저 혼자서 피고 저 혼자 시든다. 그냥 저의 삶을 살고 있을 뿐이다. 누구의 열광과 찬사와 갈채를 필요로 하지도 요구하지도 않는다. 그저 저의 때를 따라 제 삶을 살 뿐이다. 새는 저의 지저귐이 듣는 이의 마음을 뒤흔다는 것을 모른다. 꽃은 저의 자태가 아름답다는 것을 알 리가 없다. 누구에게 들려줄 일이 없는 새소리는 그래서 영원과 이어지고, 누구의 눈에 띄기를 바라는 일이 없는 꽃은 그래서 황홀하다. 새가 지저귀고 꽃이 피는 것은 생명무늬다. 꽃도 비록 열흘 붉은 꽃이 없다 하나, 꽃의 아름다움이 보는 이의 마음을 하늘로 이끌고 가는 것은 함께 누리는 생명무늬다.

# 떠나는 아름다움

강남 갔던 제비가 돌아오면은……, 흥부의 제비……, 이제는 봄이 무르익어도 제비를 보기가 쉽지 않다. 언니네가 살던 흙벽 집은 처마가 깊었다. 오십여 년 전, 문전옥답이 저수지로 수몰될 무렵에 사촌 오라버니가 지은 집인데 양기와를 얹기는 했지만 진흙에 볏짚을 섞어 다진 흙벽돌로 벽을 친 집이어서 겨울에는 따뜻하고 여름에는 시원했다. 저수지를 발치에 두고 층층논이 이어졌고, 앵두 자두나무가 울타리 노릇을 해서 봄이면 꽃 둥치에 올라앉는 집이었다. 부뚜막 아궁이가 재래식이어서 장작불을 때 밥을 지으면 사발에 퍼 담는 밥에 기름기가 돌았다. 대들보며 서까래도 근처에서 자른 소나무를 친 것이어서 매끈하지도 않았고 안으로 회벽을 척척 바른 흙손질도 반들하지 않고 어석버석했다. 이런 집을 일부러 찾는 듯 봄이면 이 동리 20여 가구를 제쳐놓고 이 집에만 제비가 찾아들었다. 집을 짓는 제비들은 수선스러웠다. 들고 나면서 지푸라기며 흙먼지를 날리고 새끼를 까면 툇돌이며 마루 끝에 함부로 새똥을 흘려 그러지 않아도 바쁜 봄날에 적잖이 일을 보태주었다.

어느 해인가. 제비가 돌아올 무렵, 형부는 처마 끝을 비닐로 둘러 제비집을 막아버렸다. 살고 있는 사람으로서는 적잖이 성가신 일이었겠지만 내심 너무한 것 아닌가 싶었다. 한철 그러다가 새끼가 자라면 떠나버릴 것을 그동안을 못 참아서 그러는가 싶어 비닐을 벗기라고 부탁을 드렸지만 형부는 못 들은 체하셨다.

다음 날이던가. 갑자기 마당 가득하게 제비 떼가 몰려들었다. 이십여 마리가 떼를 지어 마당을 휘젓듯 사납게 날며 있는 대로 소리를 쳐댔다. 우리는 제비 소리를 '지지배배, 지지배배' 해 왔지만 그날의 제비 소리는 지지배배가 아니었다. 제각기, 그러나 일제히 소리쳐대는 날카로움은 지지배배가 아니라 기집애! 기집애!로 들렸다. 얼마나 큰 소리로 일제히 외쳐대며 물어뜯을 듯이 날아다니는지 금방 어지러뜨릴 지경이었다. 듣도 보도 못한 제비 떼의 어마어마한 시위였다. 예사로 볼 일이 아니었다. 금방 무슨 일이라도 일어날 것처럼 불안한 사태였다. 그 시위를 무시했다가는 히치콕의 영화 〈새〉에서처럼 갑자기 새 떼의 습격을 면치 못할 것만 같았다. 얼마나 일사불란하게 낮게 날며 소리를 쳐대던지 한동안 숨도 크게 내쉴 수가 없었다. 밭을 갈다 말고 달려 온 형부가 쓴웃음을 지으며 항복의 뜻으로 처마 끝의 비닐을 벗겨냈다.

제비는 전해에 지었던 집에 둥지를 틀지 않는다. 헌집을 두고 그 옆에 반드시 새집을 짓는다. 집을 짓는 제비부부는 참으로 결사적이라 할 만큼 열심이고 협동적이다. 사람의 눈총을 싫어할 것 같아서 한동안 짐짓 모르는 체 지나다보면 어느 틈에 제비새끼들의 지저귐이 처마 끝을 뒤흔든다. 노란 부리를 활짝 열고 필사적으로 먹이를 찾는 새끼들의 지저귐에 생명의 열기가 뜨겁다. 아아, 아름다워라. 생명력! 살고지고! 살고지고! 생명이 솟아오르는 열기는 이토록 아름다운 감동인가. 그런데 저 어미가 대여섯 마리나 되는 새끼들을 어떻게 식별해가며 골고루 먹이를 줄까. 한번 먹이를 물어 오면 한 마리밖에 먹일 수가 없겠거늘. 저렇게 한꺼번에 입이 찢어져라 아우성을 쳐대는 새끼들에게 어떻게 골고루 먹일 수가 있을까 궁금했다. 하지만 그것은 기우杞憂였다. 어미는 정확하게 골고루 차례대로 먹인다는 것이다. 새끼들은 태어난 몸집에 비하여 부리가 엄청나게 크다. 목젖이 들여다보일 정도로 입을 있는 대로 벌리고 아우성을 쳐대는 모습과 잠시도 쉬지 않고 정신없이 먹이를 물어 나르는 아비 어미 제비의 부지런함은 신비였다. 집 짓고 둥지를 틀고 알 낳고 새끼를 깐 뒤에 먹이고 키워내는 삶은 그대로가 경건이었다. 하지만 어미와 새끼들의 관계가 언제까지 이어지지는 않는다. 날개에 힘이 들 만하면 새끼들을 가차없이 둥지에서 내어보낸다. 생명의 계율이었다. 제비 집은 네댓 마리의 새끼들이 어미에게서 먹이를 받아먹을 정도의 크기여서 날개가 커지면 더는 그 자리에서 뭉기적거릴 수가 없다. 그렇게 어미도 아비도 새끼들과 함께 모두 떠나고 제비집은 빈 집으로 남는다. 제비뿐 아니라 솔개도 딱따구리도 때가 되면 둥지에서 새끼를 밀어낸다. 스스로 날개 쳐 날으라 한다. 날지 못하고 땅에 떨어지는 것은 돌보지 않는다. 사자도 새끼를 벼랑으로 몰고 밀어낸다. 낳아 키웠으니 효도하라고 강요할 일도 없고, 부모가 더 돌보아 주지 않는다고 원망하거나 치대거나 유산을 요구할 일도 없이 각기 제 길로 제 삶을 찾아 떠나간다. 공중에서 남남이 되어 각기 제 갈 길로 훨훨 날아간다……. 까치, 수리, 매, 부엉이, 모든 새가 그렇게 살아간다.

20여 년 먹이고 입히고 키우며 비대발괄 가르친 뒤에 유산을 남겨주는 동물은 인간뿐이다. 자식을 키우는 사람의 도리가 다른 짐승들과 달라야 하는 줄은 알지만, 자식도 제구실 할 만큼 자라면 둥지를 떠나 보내야 하는 것이 순리다. 창세기 2장에는 자식이 부모를 떠나야 하는 엄연한 순서가 기록되어 있다. "이러므로 남자가 부모를 떠나 그 아내와 연합하여 둘이 한 몸을 이룰지로다."

부모를 떠나라. 자신의 삶을 스스로 꾸려라. 인격적인 자립. 경제적인 자립. 공동체의 일원으로 책임을 다할 수 있는 자립을 뜻하는, 부모를 떠난다 함은 자신의 삶을 자신이 살기 시작한다는 뜻이다. 떠남으로써 시작되는 새로운 삶의 체계다. 제비나 짐승처럼 둥지를 떠나면서 남남처럼 제 삶만을 찾아 살라는 뜻은 아니다. 홀로 서기가 되지 않는 인간은 더불어 살 능력도 생기지 않는다. 부모가 진정한 부모가 되기 위하여, 그리고 자식이 분명한 자식으로 존재하기 위해서는 떠나야 할 때 제대로 떠나는 것으로 새로운 관계가 형성될 것이다. 어미가 아들을 놓지 못하여 며느리와 불화를 만들고, 자식들이 떳떳한 홀로 서기를 못하여 유산상속 문제로 법정싸움을 벌이고, 더러는 아비의 재산을 뺏기 위해 아비를 죽이는 패륜이 저질러지는 것은 인간뿐이다.

한때 지존파, 야타족, 그리고 오렌지족이 들끓다가 요즘은 막가파가 단연 우세. 연쇄살인범이 날뛰고 있어 밤길을 마음 놓고 다닐 수가 없다. 이유 없이 닥치는 대로 사람을 때리고 죽이고, 그리고 그것이 왜 잘못된 일인 줄 전혀 모르는 사이코패스가 늘어간다. 그들 모두 태어난 둥지에서 비정상적으로 자랐겠다. 스스로 자신의 삶을 향하여 꿋꿋하게 일어 설 수 있도록, 둥지를 떠나 제 삶의 길을 갈 수 있도록 가르침을 받지 못한, 둥지 떠남의 체계가 어긋난 2세들이다.

한때, 브라질 상파울로 거리에는 버림받은 아이 수십 만이 부랑자가 되어 떠돌고 있다는 뉴스가 떠들썩했다. 가톨릭 국가에서 이혼도 못하고 중절도 금지여서 낳은 아이를 버리는 풍조 만연의 결과였다. 요즘도 홀트로 찾아오는 외국인들이 드물지 않은 우리 실정에서, 한때 일 년 동안 중절 수술이 120만 건에 달했다던 통계가, 이제는 결혼 기피, 출산기피로 인구 감소 문제를 제기하고 있지만, 미혼모의 아기는 여기저기 늘고 있다. 미혼모나 미혼모를 만들고 달아나는 소년이나 모두 부모가 있는 자식들이다. 그들이 미래가 보장되지 않는 생명을 만들어내는 것은 미혼모의 어버이가 어버이 노릇을 하지 않은 비극적인 결과다.

2차대전 전까지 제대로 된 일본 가정의 부모는 아들이 여섯 살만 되면 머나먼 친척집 가게로 보내 사환노릇을 착실하게 배우게 했다는 예도 있다. 자식 사랑은 결코 과보호가 아니다. 요즘은 엄마의 과보호가 아들을 바보로 만드는 경우도 없지 않다. 먹고 살 만 한 집안이면 자식을 애지중지 떠받들기만 하여, 도무지 참을성이 있나, 사람을 알아볼 줄을 아나, 염치 차릴 줄을 아나. 건드리기 무서운 폭발물 같으니 제비 새끼만도 못한 꼴을 보는 일이 드물지 않다. 인륜, 인륜을 치켜들지만 인간이 내세우는 인륜이라는 것이 제비집 하나만도 못한 꼴이 요즘 인간 세상의 풍조라면 지나친 말이 될까.

언니네가 살던 흙벽 집을 농기구나 두고 쓰는 광으로 만든 뒤에, 언니네가 소위 양옥집으로 이사를 한 뒤, 제비는 집을 지으러 찾아오지 않았다. 서까래와 흙벽집을 좋아하던 제비였지만 사람이 살지 않는 폐가에는 제비도 집을 짓지 않았다.

# 4.
# 그리운
# 여름살이

## 생명 환희!

시골 살림을 시작한 부부는, 지리산 산곡山谷에서 차밭을 일구는 친구가 보내주는 녹차를 틈틈이 합장해가며 마신다. 좀처럼 속살을 들키지 않고 탈속조차 드러내지 않는, 말없는 친구가 덖어서 보내는 차를 마시면서 다도茶道를 배우기 시작한 지 몇 년이 지났다. 초의선사가 ≪동다정통고東茶正統考≫ 서문에서 "전傳함이 없이 전하고, 받음[受]이 없이 받으니 전함이 없는 고로 진정한 전함이요, 받음이 없는 고로 진정한 받음"이라고 기록한 다도전수게茶道傳授偈까지는 아니더라도, 자연의 정기를 조용하게 전해주는 우리 차의 선고회감을 익혀가며 차를 들었다.

그날, 현관 앞에서 자라 오르는 백송白松 사이로 햇살이 아롱아

롱 넘노는 것을 바라보며 부부는 말없이 차를 나누었다. 한 오륙십 년 나이가 들었을 백송은 둥치도 우람했지만 솔잎 거느린 가지가 무성했다. 녹색 그늘 사이로 햇살이 쏟아졌다. 서로 말을 나눌 일이 없었다. 원願도 한恨도 씻긴 마음에다 정갈하게 고이고 고여 있는 생각에다 말을 얹을 일이 없었다. 그저 서로가 있는 듯 없는 듯 앉아 있는데, 갑자기 햇살이 흔들리며 폭탄 터지는 폭음이 정수리를 때렸다. 가슴이 철렁 내려앉게 만드는 폭음이었다. 눈부시던 햇살이 흔들렸는데, 놀라서 유리창 밖을 바라보아도 달리 눈에 띄는 것이 없었다. 이상하기도 하지. 내외는 서둘러 현관 밖으로 달려 나갔다. 새 한 마리가 거실 통유리창 밑에 떨어져 있었다. 세상에! 그 새는 통유리에 얼비친 하늘을 공중인 줄 알고 힘껏 날아가던 길이었던가 보다. 날아가던 힘이 얼마나 힘찼기에 그 한 몸 유리에 부딪히는 소리가 폭음이 되면서 저리 되었더라는 말인가. 통유리창은 새를 속였다는 가책도 없이 아무 일 아니라는 듯 사무치게 푸른 하늘을 고스란히 안고 있었다.

아내는 떨리는 몸을 가누며 얼른 새를 집어 들었다. 눈을 감은 새의 몸은 따스했다. 집안으로 달려 들어가 죽염 물을 종지에 담아들고 새의 정수리에 찍어 발랐다. "일어나라, 일어나라! 정신을 차려라! 살아야지, 살아나야지! 네가 하늘인 줄 알고 달려들었어도 통유리창에 네가 속은 것을 나무랄 일은 없단다. 일어나거라. 눈을 뜨거라. 네가 혼자가 아닐 텐데 살아야지 살아나야지!" 새의 정수리에 죽염 물을 찍어 발라주면서 기도하듯 계속 일러 주었다.

참 아름다운 새였다. 붉은색의 부리가 약간 두툼하면서 크고 길었다. 벼리와 눈, 뒷머리는 검은데다 황색의 목 띠를 두르고, 등, 어깨, 허리, 위 꼬리 덮깃, 그리고 꼬리는 광택이 아름다운 청색이었다. 그리고 배와 배아래 꼬리 덮깃까지는 황홀한 주황색을 이룬데다 다리가 진홍색이라 청, 홍, 주황색이 어우러진 황홀한 새였다. 어디서 날아온 새인지 처음 보는 새였다. '어쩌다가……, 어쩌다가…… 우리 집 마당으로 날아와, 통 유리창을 하늘로 알고, 그 하늘에 무엇이 있다고 믿었기에 그리 달려들었다가 이 지경이 되었을까. 그런데 이 새는 무리를 떠나 홀로 날다가 일을 당한 것일까. 일행이 있었을까. 일행이 있었다면 나머지 새들은, 이 새의 참상을 버려두고 어디로 갔을까? 이 새는 일행에서 빠져나와 혼자서 새로운 세계를 발견했다고 통유리 속의 하늘로 날아든 것일까?'

한 손 안에 드는 작은 새 한 마리. 부드럽고 안쓰러운 감촉과 생명이 너무도 애잔하여 늙은 아내는 눈물겹도록 정성들여, 계속 죽염을 새의 정수리에 찍어 발라주며 죽은 듯 미동도 하지 않는 새에게 애원했다. "일어나거라, 눈을 떠라, 너를 잃으면 안 될, 너의 사랑이 있을 것 아니냐. 이렇게 떠나면 안 될 너의 사랑이 있을 것 아니냐. 부디 애달픔을 남기지 말고 살아나거라. 너의 사랑을 위해 눈을 뜨거라." 새에게 혼魂이 있었던가. 애끓게 들려주던 말을 그 혼이 들었던가, 어느 순간, 새가 눈을 떴다. 눈을 반짝 떴다. 흑갈색 홍채가 맑게 빛나는 눈이었다. 아! 노처老妻는 큰 외침이 나올세라, 소리를 아껴가며 감탄했다.

"여보, 얘가 눈을 떴어요! 얘가 살아났어요!" 남편이 다가와 미소를 건넸다. "당신의 애절함을 신께서 들어주셨구려." 부부는 머리를 맞대고 새가 물을 마시도록 부리에다 물을 대어 주었다. 하지만 새는 부리를 열지 못했다. "물을 먹어라, 물을 먹어야 살 수 있다. 어서 부리를 열어라." 이번에도 새는 그 간절함을 못 이기겠다는 듯 부리를 열기는 하였으나 물을 마시지는 못했다. 아내는 부리를 조심스럽게 열고 찻숟가락으로 물방울을 흘려 넣었다. 새는 부리 속으로 흘러들어간 물을 깜짝 놀란 눈을 부릅뜨고 힘겹게 삼켰다. 물이 목으로 넘어가는 일이 얼마나 힘겹던지 찻숟가락을 든 아내의 손이 떨렸다. 몇 번을 그렇게 힘겹게 물을 삼킨 새가 얼마 만에 눈을 깜빡이며 자신의 힘으로 물을 삼켰다. "그래, 그래, 착하다 착해! 그래야지! 그래야지!" 그렇게 물을 몇 모금 삼킨 새는 몸을 푸르르 떨다가 버둥버둥 일어나려고 가녀린 다리를 떨면서 푸르륵 날갯짓까지 했다. 아! 살았구나! 부부의 눈에 눈물이 얼비쳤다. 제 힘으로 눈을 뜨고 물을 몇 모금 받아 마신 새는, 저를 살려준 사람이 누구인가 알아보려는 듯, 동그랗게 뜬 눈으로 부부를 바라보았다. 아내는 너무도 신기하고 고마워, 손 안에 든 새를 몇 번이고 몇 번이고 쓰다듬었다. '어떻게 왔고, 어떻게 만난 생명인가.' 죽을 수밖에 없던 상황에서 살아나준 새가 너무 고마웠다. 새는 노부부를 한참 바라보다가 날개를 펼쳐 날아가려는 시늉을 했다. 그리고 무엇이 불안한지 고개를 들어 두리번거리기 시작했다. "아, 네 식구들에게 가겠다고? 모두 네 걱정하느라고 갈 길을 못 떠나고 있다고? 알았다, 알았어. 그래 나가자, 나가서 가족을 찾으렴."

부부는 매화단지로 가서 나지막한 가지 위에 조심스럽게 새를 앉혔다. 그런데 새는 다리에 힘을 잃고 땅으로 떨어졌다. 놀라서 새를 다시 집어올린 아내는 새를 품에 품고 매화 그늘에 앉았다. 남편이 아내 곁에 앉으며 일렀다. "낯선 집안에서 한숨 돌렸으니 신선한 공기를 쏘여야 할 걸? 좀 있어 보아요. 그렇게 폭탄 터지는 소리를 내며 전신을 던졌던 녀석이니까 좀 더 있어야 할게요." 부부는 새가 힘을 얻을 때까지 새를 품에 안고 기다렸다. 얼마 만에 새가 다시 날갯짓을 할 때, 아내는 새를 다시 얕은 나무 가지 위에 앉혔다. 새는 다리에 힘이 생겼는지, 조금 힘겹게 몸을 가누고 두 다리를 세워 그 빨갛고 예쁜 발로 나뭇가지를 단단히 잡았다. 이제 다음의 일은 새가 스스로 하도록 맡길 일이다. 계속 지켜보면 새의 의지를 가로막는 일이 될 수도 있겠다 싶어, 부부는 근심을 접고 집 안으로 들어갔다.

찻잔도 다관茶罐도 이미 식어, 향은 가라앉고, 부부의 자리는 깊은 우물처럼 무거웠다. 통유리를 하늘로 알고 날아든 새 한 마리. 인생도 저러는 수가 있을 것……. 그렇게 전신을 던져 깨어지고 피 흘리고, 더러는 목숨을 잃는 수도 있는 것. 우리 남은 인생에는 저런 일이 없어야 할 텐데……. 부부는 그런 상념에 잠겼다. 그러다가 새가 궁금하여 매화 밭으로 갔더니 새가 머물던 매화 가지는 비어 있었다. 부부의 가슴에 생명 환희가 잔잔하게 물결쳤다. 감사하여라. 감사하여라. 그 새는 어떻게 우리에게 이런 아름다운 일화逸話, 생명을 나눌 수 있는 기회를 안겨주고 갔을까.

부부는 그 새의 이름이 궁금했다. 서울로 가는 길에 책방으로 달려갔다. 그리고 두툼한 한반도 조류도감鳥類圖鑑을 사가지고 대형 서점 계단에 나란히 앉아, 세밀하게 도감을 살폈다. 책장을 넘길 때마다 가슴이 두근거렸다. '청호반새' 파랑새목 물총새과科의 청호반새였다. 봄철에 우리나라로 와서 산란産卵, 새끼를 치고 여름을 지내다가 떠나는 여름 철새였다. 한반도 전역, 물가의 활엽수지 아니면 농경지 개활지를 두루 날아다니는 새지만 수질오염이 심화되면서 개체수가 줄어들고 있다고 했다. 여름 철새라면 혼자 떠돌던 새는 아니었을 텐데, 그날, 그 새와 함께 날아들었던 새들은 그 새가 폭탄 터뜨리듯 굉음을 내며 전신을 처박는 것을 보고는 모두들 달아났더라는 말인가. 매화 가지에서 기운을 수습한 그 새는 어떻게 일행을 찾아갔을까. 그리고 계속 정정하게 살아있기나

할까.

그 후로 노처는 이따금 새를 얹어 주었던 매화밭을 찾아갔다. 죽다가 살아난 청호반새가 일행과 함께 살아서 날아다니고 있다면 혹시 한 번쯤 찾아와 주지 않을까. 그러나 궁금증도 일상日常 속에서 시나브로 흩어졌다. 다만 놀랍던 순간이 이따금 반짝반짝 불이 켜지듯 떠올랐다가 꺼지는 사이에 한 보름이 지나갔다.

바쁘던 일을 대충 마무리하고 부부가 다시 집에 머물던 날 오후, 거실에서 기웃해지는 햇살을 받으며 찻상을 앞에 하고 있을 때, 이번에는 남편이 소리 죽여 아내를 불렀다. "여보, 여보! 새들이……, 청호반새들이 왔어! 저기! 저기! 백송 가지에……." 아내는 찻잔을 들다 말고 고개를 들었다. 백송 가지 위에 청호반새 열댓 마리가 날아와 이리저리 날며 "교로" "꼬르르르!" 맑고 예리한 소리로 춤추듯 지저귀고 있었다. 그들의 지저귐을 표현할 의성어가 없었다. 그저, 황홀한 도래到來! 생시일까……. 그들은 집 주인이 집에 머무는 때를 찾아서 온 것이 분명했다. 주인이 집을 비운 사이에도 찾아왔다가 주인을 못 만나고 다시 찾아왔을는지도 모른다. 백송 가지에 현란한 꽃이 핀 것 같았다. 청호반새의 넋이 생명을 노래하고 있었다. 고맙다고……, 고맙다고…… 이렇게 살아서 함께 왔다고. 그들은 그렇게 날갯짓으로 넘놀며 황홀하고 아름다운 생명을 우리에게 건네주었다. 거실 밖으로 나가려는 아내를 남편이 말렸다. "그냥 안에서 만나보라고, 우리가 나가면, 그날 살아난 새가 아닌 다른 새들이 낯가림을 할는지 모르니까. 저네들도 우리가 저희들을 바라보고 있는 것 알고 있어요." 내외가 넋 놓고 바라보던 중, 얼마 만에, 새들은 그만하면 되었다는 듯, 일제히 후르르 날아갔다. 자취도 없었다. 꿈결 같았다. 하지만 청호반새들이 넘놀던 것은 시간時間이 아니었다. 우리가 서로를 알아본 것은 시간도 공간도 아닌 혼과 혼의 만남이었다. 생명을 나누어 가진 사랑, 의성어擬聲語로는 표현할 길 없는, 청호반새들의 지저귐이 우리 영혼에 생명 나눔으로 새겨진 영원한 기쁨의 무늬였다.

- 필자의 단편소설 〈새들에게 야단맞고〉에서 일부 발췌.

# 그리운 여름살이

둘째 딸은 지청구덩어리에다 타박네였다. 세 살 터울의 오라비를, 태어나기 석 달 전에 저승으로 보내고 태어난 딸을 누구도 고운 눈으로 맞이하지 않았다. 유학자儒學者 할아버지께서 항렬行列 이름을 지어가지고 오시다가 인줄이 계집아이인 것을 보시고는 문지방도 밟지 않고 돌아서셨고, 산모는 햇덩이 같은 아들을 잃고, 뱃속 생명 때문에 마음 놓고 눈물도 흘리지 못하다가 덜컥 태어난 것이 계집아이인 것을 알고는 그때부터 통곡에다 식음 전폐, 핏덩이도 제 신세를 알았던지 젖도 물지 못하고 악장치듯 울어대, 젊은 아버지는 핏덩이를 안고 의료원으로 달려가셨다. 불우하게 태어난 딸은 서울 종로구 삼청동 현재 총리공관 근처가 출생지였고, 북악산에서 삼청동三清洞을 거쳐 흘러내리는 중학천中學川을 끼고 몇 걸음 아래에 경성제국대학 부속병원이 있어 한달음에 울보 딸을 안고 병원으로 가셨지만, 이름 없는 핏덩이를 안고 원무과 앞에 선 젊은 아버지는 난감했다. 이름을 얻지 못한 딸을 위하여 원무과 창구에서 "아가야, 세상은 그렇게 쉽기 만한 곳이 아니니 그저 그럴듯하게 기쁘게 살아라." 하는 뜻으로 그럴 연然 기쁠 희喜, 정연희鄭然喜이름을 지어 원무과에 제출한 것이 내리 내 이름이 되었다. 별 규奎 항렬 이름의 형제들 사이에서, 엄마의 사랑도 받지 못하고 이름이 딴판인 둘째 딸은 당연하게 왕따였다.(경성제국대학 부속병원은 후에, 무슨 기무사 - 국군통합병원 - 그리고 현재 서울현대미술관이 되었다.)

어린 내가 방학을 기다리는 것은 그런 환경을 벗어나는 마땅한 구실이었기 때문이다. 과천 큰고모, 신갈 둘째 고모 댁이 있었지만 대체로 어머니의 친정인 용인 백암이 그중 만만했다.

시골의 한여름 저녁밥은 언제나 해가 꼴깍 넘어간 뒤에야 먹는다. 젊은 것들이 모두 떠나가고 늙은이들만 남은 집에서 주고받은 의견은 나이 먹어 늙을수록 저녁을 일찍 먹거나 아예 저녁을 먹지 않고 자는 것이 건강에 좋다는 이야기였지만 시골의 한여름에는 그것이 지켜지지 않는다.

푸성귀들이 후줄근하게 늘어지는 한낮에는 일할 엄두를 내지 못하다가, 정수리를 내리 때리던 해가 얼마만큼 고개를 비켰을 때에야 주섬주섬 나서서 일을 시작하니 '조금만 더, 조금만 더더……' 하다가 해가 넘어가고야 마는 것이 시골의 한여름살이다. 허리가 휘이고 뼈가 어긋날 만큼 어금니를 깨물고, 넘어가는 해를 아껴가며 일을 하던 형부와 언니가 집으로 올라올 때면 꼭 싸운 사람들처럼 표정도 말도 없다. 힘이 다 빠졌으니 말할 기운도 웃을 기운도 있을 턱이 없을 수밖에. 한낮에 길어 놓아 냉기가 어지간히 가신 우물물에 한바탕 씻고 나면 그제야 생기가 돌아서 입이 떨어진다.

땀을 너무 흘리고 나면 혀가 깔깔하여 밥맛도 가신다. 한낮 열기에 달고 단 집안이 후덥지근해서 집안을 피해 등나무 그늘에 마련한 식탁에 저녁을 차린다. 모기떼의 극성을 피하려고 모기향이며 유충등誘蟲燈까지 켜놓고 둘러앉지만 그래도 모기의 극성은 여전하여 다음 날부터 쑥대를 베어 말렸다가 모깃불을 지펴 보았다. 풍향을 따라 낸내 때문에 눈물을 흘리기도 했지만 쑥대 타는 소리와 향기가 옛날 여름살이 길을 열어 주었다.

여름 방학 때 외가에서 지낸 저녁이 늘 배가 고팠던 기억과 함께 코앞을 스치는 것이 모깃불이다. 멍석 옆에 모깃불을 놓아야 부엌에서 소댕(가마솥 뚜껑) 밀어내는 소리가 들리고 구수한 보리밥 김이 밖으로까지 흘러나왔다. 쉬처근한 땀에 절었던 잠방이를 벗어 던지고 우물물을 끼얹은 장조카며 일꾼들이 멍석으로 달려들면 쑥대 타오르는 소리는 신이 나고, 쑥대 연기도 한 참례하겠다는 듯 밥상으로 달려들었다. 사내들의 밥은 사발 위로 하나가 더 얹혔어도 게 눈 감추듯 뚝딱 먹어치우고, 더러는 평상으로 나자빠지듯 드러눕고 더러는 마루에 누워 담배를 피웠다.

밥을 느리게 먹던 나는 모깃불과 사내들의 담뱃불만을 불빛 삼아 보리밥을 먹었다. 전기電氣가 없는 시골의 저녁은 어둡다. 희끄무레하게 간신히 밥사발이 보여, 거의 더듬더듬 밥을 먹느라고 속도는 더 느릴 수밖에 -. "어이구, 우리 공주님이 이 시골에서 겅거니(반찬의 사투리)가 없어 무얼 해서 밥을 자실꾸? 풋고추도 입에 안 맞을 테고……, 호박잎도 덜 좋아하더구먼……." 외숙모는 막내 시누인 내 어머니를 딸처럼 동생처럼 사랑했고, 그래서 그 시누이의 딸인 나도 덩달아 외숙모에게는 언제나 귀빈이었다. 외숙모는 젊은 시앗이 들어와 건너 마을에 집을 짓고 애를 낳을 때, 해산구완하며 피 걸레를 빨아 대령하던 여인네였다. 논마지기며 밭떼기를 따로 장만해 살던 시앗의 고추밭 김을 해가 지도록 매어 주다가 며느리에게 지청구 맞기 예사인 외숙모는 나를 눈에 넣어도 아프지 않을 자식처럼 아꼈다. 반찬도 반찬이지만 너무 어두워 밥을 빨리 먹을 수 없었던 나는 외숙모의 끌탕을 모른 체하고 마냥 늑장을 부렸다.

고봉으로 산처럼 퍼준 밥을 뚝딱 먹어 치우고 드러누운 사내들은 벌써 코를 드렁드렁 골며 깊은 잠에 빠졌다. 외숙모와 외사촌 올케는 컴컴한 우물가에서 설거지를 하고……. 시원한 우물 소리는 아직도 남아있는 한낮의 열기를 청청한 물소리로 헹구어 주었다. 어려서도 쉽게 잠들지 못하던 나는 외숙모가 보살펴 준 모기장 속에서 수없이 눈을 감았다 떴다 애를 쓰면서 시골의 밤을 몰래 만나고는 했다.

전기電氣가 없던 옛날 시골에는 밤이 있었다. 그것은 정녕 밤이었고 어둠이었다. 밤은 어둠이고 어둠은 곧 밤이었다. 그 어둠 속에는 살아 움직이던 모든 움직임이 가라앉는 침묵이 있었다. 어둠은 생명을 충전하는 은총의 휴식이다. 한낮에 땀을 뻘뻘 흘리며 일을 하던 농사꾼의 잠은 곧 내일을 위한 새로운 출발이었다.

"하나님이 빛과 어두움을 나누사 빛을 낮이라 칭하시고 어둠을 밤이라 칭하시니라. 저녁이 되며 아침이 되니 이는 첫째 날이니라." 창세기 1장에서 하루의 시작은 저녁이었다. 첫째 날도 둘째 날도 저녁이 되며 아침이 되니……, 창세기의 하루는 밤으로부터 시작되고 있었다. 아침은 거저 열리지 않는다. 어둠이, 그리고 어두운 밤이 아침을 잉태한다. 어둠은 빛과 소리와 형상을 잉태하고 있는 생명의 모태였다.

외가에서의 여름밤에 잠을 이루지 못하고, 칠흑 같은 어둠 속에서 숨을 죽이고 있노라면, 절대적인 침묵의 어둠이 빛과 소리와 형상을 다 삼킨 뒤에 비로소 무엇인가 서서히 열린다. 침묵과 어둠이 비밀스럽게 우뭇가사리(石花菜: 寒天)를 만들 듯 무엇인가 엉기고 있는 듯했다. 그것은 보이지 않는 어둠 속에서 빛을 만들어 내는 비밀한 움직임이었다. 들리지 않는 소리를 만들고 있는, 귀로는 들을 수 없는 소리가 엉기고 있는 움직임이었다. 아무것도 보이지 않는 어둠 속에서 사물의 형상이 서서히 모양을 갖추어 가고 있는 깊고 깊은 궁창의 움직임이었다.

한여름 밤, 자정을 넘긴 시간에 어쩌다가 선기라도 쐬어 볼 생각으로 마루 끝에 나앉으면 집 앞 텃밭이 꿈틀거리는 것이 전신으로 느껴졌다. 땅이 숨을 고르고 두엄터가 심호흡을 했다. 호박잎, 오이넝쿨, 고춧대가 기지개 켜는 소리를 내 몸이 듣는다. 뿌드득! 양배추는 속을 안느라고 제법 큰소리를 쳐서 어둠이 잠깐 진저리를 치게 만든다. 어디선가 뿌드득! 소리가 시작되면 그것을 신호로 양배추밭 여기저기서 연이어 소리를 내뿜는다. 용솟음치는 생명의 소리다. 속에서 알을 배는 소리다. 양배추의 뿌리를 안고 있는 흙이 발돋움하는 소리다. 그 모든 것이 어둠 속에서만 이어지는 생명의 소리였다.

작열灼熱하는 태양 아래서 땀 흘려 일을 해야 하는 것은 고통이다. 아무리 비옥한 땅이라 하더라도 쉼 없이 태양이 내리쬐이면 사막이 되고 만다. 성경의 창세기는 중동의 사막 땅에서 만들어진 신화神話인 줄 알았다. 그래서 지역의 특성 때문에 창세기 1장의 하루가 저녁으로부터 시작된 것인 줄 알았다. 그런데, 이제 흙으로 돌아갈 나이가 되자 저녁의 의미가 점점 선명해지기 시작한다. 해 질 녘, 일모日暮의 아름다움이 눈물 속으로 흘러들어온다. 한낮의 극명함과 뜨거움은 저녁을 위한 준비요, 저녁이 되고서야 비로소 하루가 시작된다는 것을 알 수 있게 되었다.

대도회의 밤은 명멸하는 불빛과 밤새도록 켜 놓는 가로등, 더러 고층건물 전체를 밝히는 전깃불로 어둠이 지치러진다. 어쩌다 밤하늘에 뜬 항공기에서 내려다보는 대도회의 밤은 지구라는 별을 보석처럼 만들어 놓은 인간 승리의 현장처럼 보이기도 한다.

그러나 드디어 '빛 공해'라는 의학적 용어가 발생했다. 태양이나 달, 별빛이 아니라 '인공人工빛'의 부작용을 이르는 공해다. 전기불빛에 계속 노출되면 우울증에다 암 발생도 늘어난다는 보고서가 발표되었다. 전자파의 폐해다. 블라인드 커튼에 모직 커튼을 겹으로 쳐 보아도 가로등이며 보안등의 빛이 사정없이 밀고 들어와 서울의 밤에는 어둠이 없어진 지 오래다. 대도회의 사람들은 깊은 잠을 잃었다. 밤늦도록 어울려 질탕치게 노는 재미에 홀리기도 했겠지만 사람들은 이제 밤에 잠을 자려고 하지 않는다. 환락가에서는 손님을 외쳐 부르는 네온사인이 야단스럽다 못해 어지럽고, 큰 거리 전광 광고판은 밤 새워 소리 없는 아우성이다. 마치도 어둠 죽이기! 밤을 없애기! 가 문명의 목표인 듯 세계 대도회는

불 밝히기로 경쟁이 치열하다. 우리네 시골마을에도 논둑에도 어둠이 없어진 지 오래다. 원전原電이 얼마나 위험한 것인지를 알면서도 밤을 없애기 위하여 나라마다 계속 원전을 설치하니 - 목숨 걸고 어둠을 지울 일이 있다는 것인지 - 인간에게는 살리는 빛과 죽이는 빛이 따로 있었다.

언제부터인가 나의 시장바구니에서 계란이 없어졌다. 콜레스테롤이니 무엇 그런 건강 같은 것 하고 상관없이 계란에 손이 가지 않게 되었다. 얼마 전, 양계장을 둘러본 뒤부터였다. 수천수만 마리의 닭을 키우는 양계장에서는 24시간 눈이 찢어질 만큼 밝은 불을 켜놓고, 닭들은 몸통을 간신히 가둔 빽빽한 우리에서 목만 겨우 내어 밀고, 컨베어벨트처럼 계속 돌고 돌아가는 사료를 정신없이 쪼아 먹고 있었다. 현대의 양계장 닭은 어둠이 무엇인지를 모른다. 자나깨나가 아니라, 숨이 붙어있는 한 눈을 부릅뜨고 모이를 쪼아 먹고 또 먹으면서 알을 빠뜨린다. 그것은 알을 낳는 것이 아니라 알을 싸는 형국이었다. 닭 병이 무섭다고 사료에 마이신을 범벅을 해 먹이고 그렇게 스트렙토마이신이 섞인 모이를 꾸역꾸역 먹어댄 닭들은 알을 낳는지 싸는지도 모르고 알을 빠트린다. 그렇게 빠뜨린 알들은 컨베어벨트 같은 벨트에 실려 자동적으로 포장되어 시장으로 나간다. (십여 년이 지난 이제는, 하는 수없이 그런 닭의 알도 이따금 먹고 있지만 - .)

지구라는 초록빛 별 여기저기서 앓는 소리가 들린다. 나라마다 사람마다 먹을 일, 입을 일이 급하기는 하겠지만 인간의 욕심은 먹을 만큼 먹고 입을 만큼 입으려 하지 않는다. 땀 흘려 일하지 않고 조금이라도 편하게 앉아서 누리며 먹겠다는 욕심은 향락을 부르고, 향락은 걸터듬질을 낳고 걸터듬질은 지구라는 별을 엉망으로 망가뜨리고 있다. 청소년 범죄는 급증하고, 게임, 도박, 알코올, 약물, 4대 중독에 빠진 대한민국을 누구보고 구원해 달라고 매달릴 것인지. 어쩌면 이 모든 이상한 증세가 '빛 공해'로 인한 것은 아닐까. 밤이 되면 제때에 잠을 자고, 어두워지면 일손 놓고 쉬고, 불을 꺼야 할 때 끄고, 그런 뒤에 침묵 속에서 홀로 잠들 수 있는 인간으로 돌아와야 할 일이다. 지금도 닭의 알을 보면 더러 섬뜩하다. 어둠을 모르는 계란, 어둠을 체험할 수 없는 닭이 죽을 때까지 쉴 사이 없이 먹고 먹으면서 싸지른 계란이 섬뜩하다. 조류인플렌자 AI가 이상할 것 없다. 인간의 탐욕이 만든 병이다.

그 여름 방학. 전깃불 없던 외가에서, 깊은 밤 숨죽이고 툇마루에서 앉아 듣던 양배추 알배던 소리가 그립다. 어둠을 몰아낸다고 그것이 빛이 되는 것은 아니다. 어둠을 어둠으로 받아들여야 빛은 빛으로 다가오기 마련이다. 문명이여, 우리에게 부디 참다운 밤을 돌려다오!

# 치마바위 전설

떠날 것 같지 않던 더위가 주춤거리는 초복을 넘기면 짙푸른 숲을 가만가만 흔들며 풀벌레 소리가 더위를 식혀준다. 한여름을 두고 빽빽하리만치 무성하던 숲은 풀벌레 소리로 조금씩 성글어지고, 길섶이나 숲 속에 가만히 서 있으면 풀벌레 소리는 전생前生에서 손짓하는 이명耳鳴처럼 아득하다.

그렇게 중복의 고개를 올라 입추를 넘기면, 극렬하던 태양의 열기를 쏘아 뽑아내려는 쓰르라미가 일제히 목청을 돋운다. 막바지 여름 한나절을 쉬지 않고 휩쓸던 쓰르라미 소리가 지친 듯 잦아드는 밤이면 베개 맡에서 귀뚜라미가 제소리를 내기 시작한다. 무심하던 가슴에 가을의 시詩를 흘려 넣는다.

'가을 깊은 밤, 귀뚜라미 소리에 손을 씻는다. 여름 살 녹아 내려

앙상한 손가락……, 두 손 맞잡으니 시려드는 영혼, 가을은 어찌 이렇듯 느닷없는 투명함으로 오는가.' '귀뚜라미, 끊일 듯 이어질 듯, 잦아드는 소리, 흐르는 물이 되어 베갯잇에까지 흘러오면, 군살 깎아 투명한 아픔을 접어 두고, 앙상한 어깨에 기대어 그물을 짠다. …… 귀뚜라미 소리로 그물을 짠다. 욕심도 미움도 사랑함도 애절함도 걸러낸 가을 그물을 엮는다. 뙤약볕 걸어온 지친 영혼 하나, 소리 없이 건져 올릴 그물을 엮는다.'

그렇게 풀벌레, 쓰르라미, 귀뚜라미가 찾아드는 것은 여름살이를 거두어 빨래를 하라는 신호다. 베 홑이불, 모시적삼, 안동포 치마, 삼베 베갯잇 등 여름새에서 풀기를 빼고 한꺼번에 빨아 넣으란다. 인조 홑이불도 마찬가지다.

한두 송이 일찍 핀 코스모스를 바라보며 그러한 여름새를 손빨래하고 있으면 내 모습 위로 옛날 어머니 모습이 겹쳐 떠오른다. 한삼 모시 적삼에 안동포 치마를 입는 일은 어머니께 물려받은 유산이다. 옛날 색다른 여름새가 없었을 때, 어머니는 하루가 멀다고 모시적삼이며 안동포 치마를 풀먹여 다리셨다. 돌이켜 보면 버얼건 숯을 담은 넓적한 숯 다리미질은 얼마나 아슬아슬한 짓이었는지-. 풀먹여서 꼼꼼하게 밟은 모시옷을 정신 바짝 차리고 섶이며 귀마다 잘 잡아야만 했다. 만에 하나라도 잡았던 옷깃을 놓치거나 하는 날이면 다리미 숯불이 뒤집어져 말 그대로 불벼락을 맞는 날이다. 숯불 불똥 떨어지는 일도 극력 삼가야 했고……, 그 옛날 여름 다리미질은 된 시집살이였다.

요즘 세상이야 세탁기다, 세탁소다, 입 안의 혀처럼 속속 배달까지 해주는 상감 부럽잖은 살림이니 빨래 타령이나 다리미질 타령을 할 일이 없지만, 지금도 모시나 삼베는 손빨래가 아니면 안 되는 여름새다. 풀기를 싹 빼어 햇볕에 말리면, 그 가슬가슬한 감촉에 내년의 여름을 예약하듯 가슴이 흔들린다. 살에 붙지 않으면서 바람을 모셔 들이는 시원한 우리 옷이기는 하지만, 모시옷은 눈만 크게 떠도 구김살이 가는 조심스러운 옷이다.

여름 한철 한두 번 입을 일을 위해 모시 빨래를 하고 다시 초여름에 그 까다로운 손질을 마다하지 않는 것은 어머님의 유산을 버릴 수가 없어서다. 반듯한 가르마에 단정한 쪽을 찌고 모시옷을 입고 나서는 어머니에게서 나는 조선여자를 배웠고, 그 조선여자를 버릴 수가 없어, 지금까지 한 해에 한두 번 모시와 안동포를 고집해 왔다. 어머니는 안동포보다 함경도 산産 북포北布를 좋아하셨다. 치자 빛에 가까운 북포는 한산 모시로 아래 위를 입었을 때보다 옷태가 더 고왔다. 어머니에게서 배운 북포의 멋을 한번 부려보고도 싶으나, 통일이나 되면 모를까 지금은 구할 길이 아득하다.

내가 한동안 긴 머리를 자르지 못한 일은 한 해 두어 번 입을 모시치마와 적삼 때문이었다. 쪽을 찌지는 못하더라도 가르마에 머리를 틀어 묶어 조선여자의 태를 내지 않고는 모시를 입을 수가 없었기 때문이다. 속곳에 속치마, 버선까지 신고 보면 앞가슴을 단단히 조여 묶은 모시치마도 그리 시원한 것만은 아니다. 보는 사람들이 더 시원해하는 것이 모시옷일 뿐, 입은 사람은 마음까지 조신하게 갖지 않으면 그 옷값을 유지할 수 없는 것이 모시옷이었다. 함부로 앉을 수도 없거니와 말을 함부로 해서도 안 되는, 파안대소 근처에 가서도 안 될……, 그렇게 기품을 강요당하는 옷이기도 하다. 그래도 나는 어머니의 향기를 맡고, 고향을 찾는 마음으로 여름 한 철 한두 번 모시를 입었다. 속곳에 속치마를 껴입고 버선을 신으면서, 여자의 몸이 그렇게 감추어지는 것으로 나름의 품위가 이루어진다는 것을 배웠다.

이제는 눈에 뜨이느니 여학생들의 벌건 허벅지와 이십대 여성들의 아슬아슬 드러난 앞가슴이고, 웨딩드레스까지 앞가슴만 가린 반 나신裸身이니 격세지감을 어떻게 처리해야 할는지 난감할 뿐이다.

시골집에는 한동안 세탁기가 없었다. 수도가 이어져 있지 않았으니 세탁기를 쓸 수도 없었지만 웅덩이 물이 오염될까 보아 마음 놓고 머리도 감지 못했다. 한옆에서 아직도 두레박 우물을 쓰고 있어 여름 빨래는 우물가에서 했다. 풍덩, 우물 수면에 두레박 떨어지는 소리는 가슴까지 시원하게 만들었다. 몇 번이고 헹군 빨래를 빨랫줄에 널어놓으면 청청한 초가을 볕에 그렇게도 바삭바삭 잘 마른다. 볕에 잘 마르는 빨래는 가슴까지 개운하게 만들어 주었다.

간간이 들여다보는 조카딸이나 조카며느리의 빨래 풍속은 도무지 마음에 들지 않는다. 구식 주부인 내가 세탁기 빨래를 할 때도 팬티며 양말은 일일이 비벼 애벌빨래를 하고서야 기계에 넣고, 탈수 뒤에도 햇볕 좋은 자리에 건조대를 세워 햇볕에 뽀송뽀송 말려 입어야 직성이 풀리는 내 눈에는 도무지 마땅찮은 일뿐이었다. 속옷이고 양말이고 구별 없이 세탁기에 쓸어 넣는 일도 그랬지만, 더러 손빨래로 조심해야 할, 결 좋은 옷도 수십 분씩 휘저어 흔들어대는 세탁기에 던져 넣어 옷 모양을 쉽게 망가뜨리는 일도 그랬다. 그리고 무엇보다 꺼림한 일은 빨래를 햇볕에 말려 입지 않는 일이다. 발달할 대로 발달한 세탁기는 탈수에서 건조까지 한목에 해주어, 현대인들에게서 햇볕에 소독된 옷을 입을 기회를 빼앗아 갔다. 아이들에게서 점점 늘어가는 아토피 증세는 어쩌면 햇볕 못 본 옷을 입는 데서 발생하는 병인지도 모른다.

한 40여 년 전, 이탈리아의 나폴리 항구에서 가슴 설레게 만들었던 일은 쪽빛 바다의 아름다움도 아니었고 소렌토 절벽 거리의 아름다운 거리도 아니었다. 나폴리 중심가에 빽빽하게 서 있던 아파트가 일제히 내어 널은 빨래였다. 그 빨래는 바다로 나간 남편을, 아니면 아들을, 더러는 아버지를 불러 손짓하는 사랑의 기폭처럼 나부끼던 함성이었다. 노래로만 들으며 낭만을 상상하던 나폴리는 그렇게 빨래의 천국 같았고, 푸른 바다의 범선보다도 더 정겹던 빨래 잔치가 지금도 눈에 선하다.

가을볕이 투명해지면 어머니는 깃광목 피륙을 안고 자하문 밖으로 가셨다. 서울종로구 가회동嘉會洞에서 자하문紫蝦門까지는 된 시오리가 넘는 길이었지만, 동네에서 날 잡아 떠나는 아낙네들은 소풍 삼아 환한 얼굴로 채비를 했다. 우선 챙기는 것이 광목을 바랠 양잿물이었다. 깃광목 바라기는 하루 종일 걸리는 일이어서, 점심이며 먹을 것을 챙겨야 했다. 지금은 평창동이라고 불리며 장원莊園 급의 주택들과 호텔이 즐비한 골짜기가 되었지만, 해방 전, 그 골짜기는 능금과 자두밭에다 큼직큼직한 치마바위를 휘감으며 손끝이 저리도록 시원한 옥수가 흐르던 넓고 시원한 개울이었다. 어머니들은 물가 그늘에 솥을 걸고 불을 지피는 한편, 솥에다 양잿물을 풀고 광목을 삶았다. 실컷 삶아낸 뒤에는 흐르는 물에 담가 잿물을 말끔하게 헹군 뒤에 넓은 치마바위 위에 널어 말린다.

그때부터 어머니들은 물놀이가 시작되고 아이들은 과수원으로 달려간다. 능금, 자두, 감……, 그 무렵 감은 일렀지만 능금이며 자두를 실컷 먹을 수 있는 날이 그날이었다.

아! 그 시원한 치마바위에 널려 있던 광목 위로 쏟아지던 눈부신 초가을 햇볕. 어머니들의 웃음소리는 너무도 오래간만에 그 햇볕보다 더 눈부셨고, 아이들의 과수원 달리기는 얼굴이 열매보다 더 새빨갛게 되어 숲 속으로 바위 위로 다람쥐처럼 내달았다.

그렇게 가을볕에 바랜 광목은 이불과 요의 홑이불이 되고 버선이 되었다. 더러는 명주도 그렇게 했지만, 바랜 광목을 홍두깨에 말아서 다듬던 다듬이 소리는 깊고 깊은 가을밤을 더욱 청량하게 만들었다.

현대인들은 소리도 빛도 만나는 일이 없는 옷을 입고 살아간다. 물도 크로르칼크 냄새가 코를 찌르는 수돗물에 옷을 빨고, 그것도 모자라서 때를 더 빼고 흰빛을 더 내자고 옥시클린이니 락스니 하는 약을 쓰고 정전기를 방지한다고 무슨무슨 피죤이라는 것까지 섞어서 온통 화학 약으로 범벅된 옷을 입고 살아간다. 현대인들의 과욕으로 끝없는 개발이 이어지고, 전세계의 생산현장이 뿜어내는 매연과 자동차와 비행기가 쏟아내는 매연으로 오존층이 파괴되어 끔찍한 피부암이 늘어가고 남극의 빙하가 녹아가고 있건만, 살에 닿는 옷마저 갖가지 화학제품을 묻혀 입어야 하는 요즘 풍속이 무섭기만 하다.

한산모시와 안동포가 널려 있는 빨랫줄 건너로 코스모스 네댓 송이가 가을을 손짓하고 있다.

# 넝쿨 사랑

매미와 쓰르라미가 쓸고 간 햇살은 청량했다. 산등성을 넘어 들어선 한옥의 청정한 마당 건너에 발(簾)을 늘인 방이 객을 맞는다. 발 사이로 수줍게 불어오는 바람이 잘 결은 장판방에 머물고, 사방탁자 하나에 찻상이 전부인 방은 사람이 있는 듯 없는 듯 고즈넉했다. 더러 늦더위가 서성대고 있는 발 너머 마당에는 맨드라미며 끝물 봉숭아의 꽃빛이 꿈결이다.

주인이 찻잔에 따뜻한 물을 붓자 찻잔에서 문득 꽃구름이 피어올랐다. 뽀오얀 김 속에 피어오르던 자줏빛 꽃구름. 발 사이로 아른거리는 끝물 꽃들의 빛깔과 어우러져 찻잔 위로 피어오른 꽃구름은 신비스러웠다. 이름 하여 자운차紫雲茶. 칡꽃을 그늘에 말려 곱게 가루 낸 차, 칡꽃 차였다.

"칡꽃이 흔하기는 해도 이렇게 꽃빛깔이 살도록 말리기는 어려운가 봅니다. 귀한 분이 아니면 잘 내어 놓질 않지요……." 꽃구름을 피워 올리며 따뜻한 물에 녹기 시작한 자운차의 향기는 곧장 가슴으로 스며들었다. 너울너울 잘도 퍼지던 칡넝쿨 언덕이 송두리째 가슴으로 안겨들었다. "칡꽃 차는 주독을 풀어주고 숙취를 씻어 주는 영약이기도 하지요. ≪본초강목本草綱目≫이 가르치고 있지만 현대인들이 그런 것에 관심을 갖질 않지요." 모시적삼 소매를 살짝 들어 찻잔을 내어밀며 잔잔한 미소를 짓는 주인의 입매가 칡꽃을 닮았다. 아직 여인의 향기가 그윽한 그이가 깊은 산골에 홀로 살면서 꽃구름 일렁거리는 자운차를 만들고 있다니……. 아무도 몰래, 이 꽃구름 피어오르는 신비스러운 차를 받들어 올릴 '그 사람' 하나쯤 가슴속에 간직하고 있을 법도 하련만.

그러나 언제 보아도 그는 혼자였다. 니승尼僧이 아니건만 겨울이면 무명에 먹물 들여 솜옷을 입었고 여름이면 먹물 들인 모시치마를 즐겨 입었다. 가슴속 어디 깊은 자리에 그리움을 닮은 우물이 있겠는지……. 짓궂게 눈치를 살펴도 그는 출가出家한 사람처럼 인연에 얽혀 있는 흔적을 보이지 않았다. 의연毅然했다. 무엇을 걸치지도 않았고, 천만, 누구에게 기대지도 않은 의연함이었다. 사방 걸친 것 없이 홀로 서 있는 사람이었다. 그러면서 꽃구름차를 대접하는 손길과 마음이 한량없이 따뜻했다. 내가 사내였다면……, 모든 것 아낌없이 던져 사랑할 만한 여인이었다. 그에게서는 늘 칡꽃 향기가 일렁거렸다.

무심코 걷던 산길이나 숲에서 문득 어지럼증처럼 가슴으로 스며드는 향기. 몽롱해지면서 그대로 풀숲에 눕고 싶게 만드는 향기. 칡꽃의 향기는 숲 그늘에서 그렇게 애련하다. 마음 놓고 퍼지는 넓은 잎사귀에 가려서 잘 보이지 않는 꽃이지만 자홍색紫紅色을 띤 꽃송이는 질긴 넝쿨이나 크고도 싱싱한 잎, 그리고 어마어마하게 땅속 깊이 파고드는 뿌리에 비하여 여리고 아리따운, 조롱조롱 매달리는 꽃이다.

칡에도 암수가 있다. 수컷의 뿌리는 길고 씁쓸해서 별로 환영을 못 받는 편이고 통통하게 살이 찐 암컷은 달고 수분도 많은 데다 분말이 많이 생겨 칡국수, 칡냉면 등을 만들어 먹게 해주는 고마운 식물이다. 요즘 들어 시골 길섶이나 산골길에서 칡즙을 짜서 파는 사람들이 더러 있을 뿐, 칡넝쿨은 천덕꾸러기가 되어버렸지만, 우리네 옛날 살림에서 칡처럼 고마운 자원資源이 따로 없었다.

명주는 물론 무명도 구경하기 힘든 산골 살림에서 아이가 태어날 때, 샅 자리 대신 산모 아랫도리에 깔던 것은 칡가루를 빼어내고 남은 칡 짚이었다. 칡넝쿨로 소쿠리도 짰고, 바구니도 만들었고, 칡넝쿨 섬유로 마대 같은 옷도 지어 입었다. 갈건葛巾, 갈혜葛

鞋, 건과 신을 삼아 쓰고 신기도 하면서, 집 지을 때, 벽壁을 치는 데 섞어 쓰기도 했다. 이렇듯 칡이야 말로 사람들 입치레에다 옷치레, 그리고 집장만까지를 도왔으니 심고 가꾸고 거두는 수고 없이 인간의 삶을 든든하게 도와준, 더 없이 고마운 자원이었다.

이제는 산골에서 농사짓는 사람들도 눈길 한번 건네주는 일 없는 신세가 되어 고속도로 양옆의 언덕을 뒤덮거나, 나무마다 휘감고 올라가 아름드리나무의 목을 조이는 우절덩어리 풀이 되고 말았지만, 넝쿨손은 얼마나 잘 뻗쳐 닿는 대로 휘감고 올라가는지……, 질기기는 왜 또 그렇게 질기며 퍼지기는 왜 그렇게 잘도 퍼지는지, 걷잡을 수 없는 것이 여름살이 칡이라는 넝쿨이다. 요즘 들어 칡국수니 하여 더러 칡을 주인공 삼는 일도 있는 듯하지만, 옛날처럼 눈에 불을 켜고 칡뿌리까지 캐거나 칡넝쿨을 말려 쓸 일이 없으니 한여름이면 산이고 언덕이고 들판이고 칡이 천지를 뒤덮어 칡 천지를 만들어도 그 기세氣勢에 대하여 관심하는 사람은 없는 듯하다.

나는 한때, 칡이라는 이름만으로도 진저리를 쳤던 시절이 있었다. 한 지아비에게 기대어 사는 것을 마지막 소원으로 품고 살던 젊은 한때를 불지옥처럼 살고 난 뒤의 일이었다. 무엇으로도 끌 방법이 없던 맹목盲目의 열기熱氣였다. 열애熱愛라는 이름으로 그는 나의 전부여야 한다고 믿었고, 그 믿음 이상으로 나의 모든 것을 아낌없이 그에게 진상하노라 했었다. 어쩌면 신神도 찾아낼 수 없을 비밀스러운 것까지를 발굴 또 발굴하여 그에게 주고 또 주기를 영원토록 할 것 같던 그런 몽매蒙昧에 빠져 헤어나지 못했던 때가 있었다. 누가 무어라 하여도 지고지순至高至純하지 않으면 안 된다고 믿어 그 가당찮은 열기를 플라토닉이라 불러 스스로를 속여가면서…….

절절한 외로움 속에도 그가 있었고, 깊이를 알 수 없는 슬픔 속에도 그가 있었다. 함께 있어도 그 속에 똬리를 틀고 있는 이별 때문에 기쁨보다는 언제나 상심傷心의 칼날에 가슴을 저미던 한때였다. 이유는 오직 한 가지, 함께 있고 싶은 욕망을 이루지 못한다는 것뿐이었다. 내 울타리 안에 그를 가두고 '내 사람'이 되기를 열망하던 열병이었다. 출구가 보이지 않는 몇 년이 흐른 어느 날, 나는 홀연히 내가 넝쿨 같은 존재가 되어 그를 얽어매고 있는 것을 보았다.

관계에서 비롯되는 슬픔은 에로스의 유한성을 이미 알고 있었다. 외로움 또한 사랑이라는 이름의 관계에서 스스로가 만들어 낸 자기학대라는 것을 알고 있었다. 사랑이라는 이름의 슬픔도 외로움도, 이미 독점욕의 한계가 어떤 것이라는 것을 내면에서 알고 있었다. 그 모든 고통은 사람을 내 것으로 소유하려던 욕망에서 비롯된 갈애渴愛의 고통들이었다. 고통은 외줄이었다. 소유욕, 욕망이란 격렬한 허기짐이 깊어지는 것. 결국 갈애는 상대방에 대한 맹목적 행패요 자기파괴라는 것을 깨달았다.

내가 칡넝쿨이 되어 한 사람을 한없이 감아 올라가고 있다는 것을 알았을 때, 견딜 수 없는 자기혐오 때문에 절망에 처박혔다. 딛고 일어날 바닥이 보이지 않았다. 독점욕이나 소유욕에서 홀연히 벗어나 홀로 서기가 되지 않고는 어떤 관계도 이루어지지 않는다는 것을, 그 지옥을 거쳐서야 깨달았다. 그래서 한동안 넝쿨 식물이 눈에 띄는 것조차 싫어했다.

여러 해 전 영화 제목 〈잉글리쉬 페이션트〉를 볼 기회가 있었다. 주인공 백작이 친구의 아내와 첫 정사情事를 갖던 날, 그들의 대화가 제법이었다. 여자가 백작에게 "가장 싫어하는 무엇이냐?"고 묻자, 백작은 서슴없이 "소유!"라고 대답했다. "그러면 그 다음에 싫어하는 것은?" "소유를 당하는 것!"이라고 간단하게 대답한 백작은 말을 이었다. "이제 이곳(정사의 현장)에서 나간 뒤에는 나를 잊어 달라." 그 시점 정도에서는 그래도 제정신이 있었던 듯. 욕망의 절제, 소유욕이 끌어들일 재앙에 대한 두려움이 눈을 뜨고 있었던 모양이다. 그러나 에로스라는 갈증은 자기확인自己確認의 방법으로 상대방에게 족쇄를 채워가며, 그 과정에서 '너' 와 '나'와 '그'를 단계적으로 파괴해 나갔다. 나와 너, 그리고 그를 죽이고서야 그 불은 꺼졌다. 갈애渴愛의 비극이다. 그들의 정염情炎이 부른 종말을 아름답다 할 것인가. 무엇으로도 못 말릴 소유욕의 결국은 사막에서 끝난 세 사람의 죽음뿐이었다. 여덟 개인가 아홉 개의 아카데미상을 받았다고 떠들어 대지만 그것은 결국 에로스에게 파괴의 미학美學이라는 관을 씌워준 이상도 이하도 아닌 영화였다.

속도와 현대화된 기계적인 일상에 식상하여 〈잉글리쉬 페이션트〉 같은 영화가 새로워 보였을까. 아니면 드라이아이스 같은 근래 남녀 관계가, 칡넝쿨처럼 얼크러진 그 정염의 세계를 고전古典으로 보이게 만들었을까.

이 무시무시하게 앞질러가는 과학문명의 오늘을 살고 있는 사람들의 인간관계는 어떠한가. 남녀의 관계, 부부, 부모자식의 관계, 친구, 동료, 이웃, 스승과 제자……, 여운餘韻이 없어져가는 지 오래되었다. 남녀관계에서 맹목의 열기조차 없어지는 삭막함. 하지만 그 삭막한 관계는 또 다른 이름의 넝쿨로 서로의 목을 한없이 조여가고 있음에랴. 자식을 소유물로 알고 있는 부모, 부모를 휘감고 올라가 얼마든지 목을 조일 수 있는 대상으로 여겨 조이기를 늦추지 않는 자식이 있는가 하면, 부모가 자식을 버리고, 자식이 부모를 죽이는 어그러진 경우도 허다하게 늘어간다. 부모를 걷어차고 거리로 뛰쳐나가 아무것이나 닿는 대로 휘감는 넝쿨이 되어 사회의 구석구석에서 목을 조여 가는 젊은 군상도 늘어간다. 현대인들의 소유양식所有樣式의 허기짐이 한없는 더듬이를 뻗쳐 닥치는 대로 서로 무너뜨리는 이 풍속은 어느 지점쯤에 가서야 방향을 돌이키겠는지. 차라리 〈잉글리쉬 페이션트〉 같은 파괴의 미학으로라도 인간성, 아니 에로스의 관계가 회복되기를 바라야 하는 것은 아닐는지…….

# 이제는 쓸쓸한 추수

벼이삭이 고개를 숙일 무렵이면, 깊은 가슴속 어딘 듯 짚어지지 않는 데서 마른 흐느낌이 솟는다. 식구마다 일손은 바쁜데 잠깐 마음이 길을 잃고 아득한 하늘을 하염없이 바라보게 마련이다. 어렸을 적엔 어른들 기분을 따라 그렇게 황금빛 벌판을 이룬 논마지기를 바라보며 덩달아 배가 뿌듯했었건만, 이제는 그 꾀꼬리 빛으로 영근 벼 포기와 가을걷이를 기다리는 논이 마른 흐느낌으로만 남는다.

이십여 년 전만 해도 벼를 벨 무렵은 매일이 동네 잔치였다. 오늘은 이 집, 내일은 저 집으로 서로 품앗이해 가면서 매일 잔치를 벌였다. 남정네들은 논에서 벼를 베고 여인네들은 부엌에서 지짐을 부치고 배춧국을 끓여가며 하루 참 다섯, 여섯 끼를 차리느라고 왁자했다. 아이들도 덩달아 풍성해져서 기름기 묻은 입술에 연신 지짐이며 떡을 베어 물고 뛰어다녔다. 논두렁에 함지를 내려놓으면 벼를 베던 사람이 아니더라도 아무나 숟가락을 들고 함께 밥을 먹는 자리가 추수하는 날의 인심이었다. 막걸리 사발이 두어 순배 오가고 밥그릇을 뚝딱 비우면 "해가 짧어! 어여 일어나!" 서로 잡아끌며 논에 들어가 다시금 서걱서걱 벼를 베었다. 그렇게 베어 내 논둑에 쌓아 놓은 볏단은 볏짚 베개처럼 편안해 보이고 그렇게 며칠 바람과 가을볕에 벼를 말리는 동안은 그 볏단만으로도 농사꾼의 배가 불렀다. 논둑에 쌓아놓은 벼가 어지간히 마르면, 다음에는 볏단을 척척 지게에 얹어 타작마당으로 나른다.

그 무렵만 해도 언니 내외는 지게로 날라온 볏짚을 마당에 쌓아놓고 멍석 위에 앉힌 궁굴레(벼를 털던 농기구)를 돌려, 한 줌씩 쥐어낸 벼 묶음을 털었다. 나란히 서서 궁굴레 발틀을 연신 놀려가며 벼를 털 때면 쌀겨 먼지를 뽀얗게 뒤집어쓰고 눈썹까지 하얗게 세고는 했다. 궁굴레로 털어낸 벼를 다시 바람에 말린 뒤에 볏섬을 엮어 곳간에 들이면 그 한 해의 농사는 손을 터는 것이다. 농사하고는 인연 없던 언니 내외가 그렇게 시골에서 말년을 보내면서 자식들의 뒷바라지를 했다.

타작마당으로 참새 떼, 까치, 들쥐의 참례가 바빠도 '이삭은 너희들 차지니 실컷 나누어 먹어라.' 못 본 체하는 것도 옛날 타작

뒤끝의 인심이었다.

옛날에는 추수할 무렵이면 추수를 부르는 들녘의 소리가 있었다. 그것은 우리네의 가을 소리였다. "훠어이! 훠어이!" 새를 쫓는 일이 추수의 시작이었다. 참새 떼와 싸우는 가을의 소리, 허수아비만으로도 모자라서 논을 가로질러 줄을 매어 놓고 군데군데 깡통을 매달아 일삼아 흔들어대는 소리였다. 절렁절렁 댕그렁댕그렁! 흔들리는 소리에도 막무가내로 달려드는 새떼를 쫓던 우리네의 가을소리였다. "훠어이! 훠어이! 이눔의 새떼가 아이구 참 악착같네! 훠이이!" 소리치며 줄을 사납게 흔들면 새들은 인사 삼아 왁자지껄 제각기 놀란 체 소란을 피면서 허공을 박차고 일제히 하늘로 치솟는다. 가을하늘은 참새 떼의 지저귐과 날갯짓에 잠깐 흔들리고 새들은 그렇게 하늘을 한번 휘젓고는 다시금 논으로 내려앉는다. "이눔의 참새 떼를 그냥……." 장조카나 고종사촌 오빠들은 어른들이 "새를 보아라!" 하는 새 쫓는 일을 질색했다. 약아빠진 새들을 당해 낼 수가 없어, 잠시도 딴전을 볼 수 없었기 때문이다. 그렇게 털레머리를 흔들다가, 눈 내리는 겨울밤, 가을걷이 때 성가시게 굴던 새떼들의 악착스러움보다 더한 영악스러움으로 초가지붕 처마를 샅샅이 뒤져가며 참새 잡이를 했다. 초가집 처마 속에 둥지를 튼 참새들은 밤에는 소리 한 번 못 지르고 손아귀에 잡혀 바들바들 떨며 젊은 농사꾼들의 밤참거리가 되어 주었다.

오라비들의 참새 잡이가 한창일 때쯤이면 논물이 투명하게 얼어붙는다. 눈이 쌓이지 않으면 얼어붙은 논물 아래로 벼 포기를 베어낸 그루터기가 유리병 속의 갈색 꽃처럼 무늬를 이룬다. 그 위에서 썰매를 타면 그것은 갈색 얼음 꽃밭의 유희였다. 벼 포기의 밑둥은 다음해 논농사의 약속이었다. 농사의 뿌리를 겨울에도 잊지 않게 해주는 약속의 징표였다.

이렇게 우리네 옛날의 가을걷이에는 소리와 빛깔이 있었다. 삶의 소리요 빛깔이며 이야기였다. 시간의 영글음이요 세월의 뿌듯함이었다.

하지만 이제 우리네 가을에는 잔치도 없고 소리도 없으며, 빛깔도 가뭇없이, 이제는 그 흔하던 배추꼬랭이 한 뿌리 구경할 수가 없어졌다. 배추를 뽑아 김장준비를 하면서 꼬랭이를 잘라내면 그것은 먹을 것 귀하던 때의 훌륭한 간식이었다. 더러 배추꼬랭이국도 끓이고 날로 깎아 먹어도 달콤매콤 쌉쌀하던 맛이 입치레의 가을걷이였다.

이제는 온갖 농기구가 개발되어, 남아도는 농기구를 개발도상국에 수출할 만큼 앞서가는 우리나라가 되었다. 사람의 노동력이 필요 없어진 농사. 파종도 기계로 하고 농약은 더러 헬리콥터로 뿌릴 만큼 눈부신 나라가 되었다. 추수하는 농촌에 잔치 빛깔로 들뜨고 정겹던 어울림도 없어졌다. 가을하늘을 향하여 시커먼 디

젤 연기를 욕설처럼 뿜어내는 기계 소리뿐 사람 그림자도 보이지 않는 추수. 여남은 마지기쯤 되면, 한 사흘 장정 몇 사람이 착실하게 매달리던 추수를 이제는 단 몇 시간에 밀어제치고 손 툭툭 턴 뒤에 품삯 챙겨 돌아서면 그뿐이다.

농사꾼들은 수백 척 깊은 땅속에서 뽑아 올린 석유의 힘으로 땀 흘리지 않고 곡식을 거두는 편리한 세상을 만났다. 천수답天水畓에 볍씨 뿌려놓고 목 늘여 하늘만 바라보던 사람들이, 농업용수로 막아 놓은 거대한 댐이나 저수지, 아니면 양수기를 써서라도 논물을 받는다. 어쩔 수 없는 가뭄에 한꺼번에 농사를 망칠까보아, 논의 물꼬를 두고 이웃지간에 원수가 되거나 살인이 나는 일은 옛이야기가 되었다.

우리네 어렸을 적에, 쌀은 꿈속에서도 목숨의 어머니였다. 밥알 한 알갱이가 수채에 흩어진 것을 보면 그날 하루 진지 상을 받지 않으시던 외할아버지. 쌀은 노인들의 외경畏敬이요 그분을 추상같은 어른으로 만들어드리는 대상이었다. 일본은 우리 땅에서 우리들의 손으로 땀 흘려 지은 쌀을 끊임없이 수탈해갔다. 그 쌀을 빼앗기고 그렇게 수많은 우리 농민이 산 설고 물선 간도 땅으로 간도 땅으로 흘러가지 않았는가. 일본 제국주의를 거쳐 해방 칠십 년에 북한에 묶여 있는 불쌍한 우리 핏줄은, 아직도 김일성의 잠꼬대 그대로 '이밥'에 '고깃국'을 몽매에도 그리며 하루에도 수천 명씩

앉은 채 굶어 죽고 있건만……. 꽃제비들이 시궁창에서 건져 먹는 국수 오래기를, 우리는 두 손 놓고 영상을 통해 바라보고만 있다.

1990년 중반, 우리나라는 쌀이 남아돌아서 창고에 쌓고도 남아돌아 노적露積 야적野積으로 법석을 떨었던 일이 있었다. '사랑의 쌀 나누기' 운동으로 북한에다 쌀을 보내기도 했고, 농협 직원들이 어깨띠를 두르고 거리로 나서서 "쌀을 먹자!" 애소를 하기도 했다. 쌀소주, 쌀막걸리, 쌀라면, 쌀과자를 생산해서 먹자느니 남아도는 쌀을 민주를 댄 역사도 있었다. 쌀을 쟁여두는 창고비倉庫費며 야적비만도 몇 천 억이 들었느니 하는 이야기도 난무했었다.

이제는 내 나라에서 쏟아지는 쌀 말고도 호주며 뉴질랜드 등지의 쌀 시장개방이 되는 데다가 갖가지 영양과 색깔이 다른 쌀 연구로 호강에 호강을 하게 생겼으니 옛날이 아득하기만 하다.

옛날 시골에서는 식구 중에 누구 귀빠진 날이라야 흰쌀밥을 구경할 수 있었다. 어느 때는 손님 진지상에만 올려지던 쌀밥의 하얀 빛은 그날의 경이驚異였던 시절도 있었다. 생일잡이의 놋주발 뚜껑 속에서 기름이 자르르 흐르는 하얀 밥이 드러나면 그날은 벼슬한 것처럼 으쓱하던 날이었다. 아이들이 제삿날을 기다리던 이유도 이밥이 그리워서였다.

쌀밥의 하얀 빛은 꿈속에서까지 이어지는 고향 길이었다. 쌀농사 추수까지는 한 해에 여든여덟 번 농부의 손을 거쳐야 한대서 한자漢字의 쌀 미米자가 그렇게 그려졌다는 이야기는 이제 늙은이들에게조차 아득한 전설이 되고 말았다.

이제 지구 위의 흰쌀은 더 이상 옛날 농부의 손에서 거두어지던 흰쌀이 아니다. 기하급수적으로 늘어나는 인구를 위하여 모든 물자는 대량생산! 대량생산만이 목표요, 채워지지 않는 인간 욕구와 탐욕 때문에 수단과 방법이 가려지지 않는 생산으로 치닫기 때문이다. 이제 쌀은 더 이상 농부의 여든여덟 번의 손을 기다릴 일이 없다. 경작하는 노동력의 90%를 석유가 담당하고 있기 때문이다. 써레질, 볍씨를 뿌리는 일, 비료 주는 일, 농약 치는 일, 제초제, 농업용수를 대는 일까지 석유를 쓰는 기계가 하고 있다. 기계제작은 물론, 농약, 제초제를 만드는 공정에서 그것을 땅에 뿌리는 일까지도 석유가 담당하고 있으니, 쌀 한 톨 속에는 사람의 수고가 아닌 석유에너지가 태반인 셈이다.

우리가 매일 먹고 있는 쌀이 겉모양은 하얀 빛깔이지만 그 속살은 석유의 검은 색깔이라는 것을 볼 수 있어야 한다. 가지가지의 화학비료며 농약으로 대껴져 더욱 뽀얗게 보이는 쌀을 먹어가면서 우리 몸에 온갖 중금속과 공해 찌꺼기가 쌓여가고 있는 것도 볼 수 있어야 한다. 감기보다 더 흔한 암의 근거가 이토록 가까운 곳에 있다는 것을 간과하는 현대인들. 이제 막바지까지 치달은 석

유문명의 폐해를 직시할 수 있는 눈과, 내 후손의 앞날에 무엇이 일어날 것인가를 내어다 볼 수 있는 사랑이 남아 있다면, 현대인들의 생활의 고리를 어떻게 바꿔야 할는지 지혜를 구해야 할 일이다.

구약의 예레미야 선지가가 탄식했다. "그들은 가장 작은 자로부터 큰 자에 이르기까지 다 탐람貪婪하며 선지자로부터 제사장까지 다 거짓을 행함이라." 어린아이고 어른이고 할 것 없이 탐욕에 빠져있다는 뜻이다. 골목바다 거리마다 쓰레기가 산을 이루고, 아무렇게나 버려진 밥 덩어리며 김밥 덩어리도 부끄러움 없이 굴러다닌다. 외할아버지께서 그 꼴을 보신다면 "천벌 받는다! 천벌 받어! 밥은 밥그릇에 담겨져야 귀한 게여! 밥은 밥그릇에 있어야 사람 목숨값이 되는 게여! 밥이 모셔져야 할 자리에 모셔지지 않으면 귀신처럼 보이는 법이니라. 세상 모든 게 저 있어야 할 자리가 정해져 있는 법이니라. 밥을 버리다니? 밥을 덩어리째 버리다니? 천벌 받는다! 천벌 받어! 천하에 못된 것들……." 탄식하시겠다.

# 상여를 따라가는 아름다운 비의秘意

헐벗은 골짜기로 스쳐 지나가는 것은 황량한 겨울바람뿐, 산골 짐승들에게는 먹이 구하기가 쉽지 않은 계절이다. 눈이라도 첩첩 쌓이는 때면 꿩들이 그 쉬어터진 목소리로 먹이를 찾아 끼룩거리고, 배곯은 산토끼들이 겁 없이 마당으로 뛰어드는 계절이다. 잿빛 숲 너머로 우중충하게 얼어붙은 저수지가 수은 빛으로 무겁게 내려앉고, 녹다가 말다가 다시 내리는 눈으로 눈이불을 덮고 겨울을 견디는 논과 밭이 다시는 살아날 것 같지 않게 쓸쓸하다.

그렇게 하늘과 땅이 적막하기만 한 풍경 속으로 문득 사람 그림자 하나가 떠올랐다. "어젯밤에 점순네가 죽었어요!" 박씨 부인이 헐레벌떡 뛰어들며 점순네 일을 알렸다. 점순 어메가 세상을 떠났단다……. 어떻게 그리 갑자기……. 바로 엊그제도 집 앞에서 만났는데……. 겨울이라 물 구경하기 힘들었던지 손등이며 얼굴이 더 형편없이 터지고 남루했다. 어린아이 같은 몸집에 누더기를 얼마나 껴입었는지 팔다리가 따로 없는 것처럼 뒤룩거렸다. 나를 보자 여전히 팔목을 들이대며 아프다고 하소연이었다. "여기 아퍼!"

외마디밖에 할 줄 모르는 점순 엄마는 나만 눈에 띄면 약을 발라 달라는 일이 인사였다. 여러 해 전에 어디서 긁힌 상처가 꽤 깊어 보이기에 소독을 하고 약을 발라준 뒤로, 나만 눈에 띄면 들이대는 인사였다. 터지고 갈라진 손을 씻기고 글리세린을 발라 주려니까 엉뚱한 소리를 했다.

"점순이가 나 보구 죽으래. 저 물에 빠져 죽으랬어. 자꾸 죽으라구 그래." 섬뜩했다. 여간해서 외미다밖에 할 줄 모르던 점순네가 딸이 했다는 말을 옮기는 일이 예사롭지 않았다. "아니 점순이가 왜 엄마보구 죽으라고 그러겠어? 그런 소리 하지 말어! 그런 소리 하면 못 써!" 나무라듯 말하자 그는 눈에다 슬픔을 가득 담고 제 말을 믿어 주지 않는 나를 원망스럽게 바라보았다.

문득 영악스럽게 생긴 점순의 얼굴이 떠올랐다. 이 겨울을 넘기면 고등학교 2학년. 천치에 병신인 엄마가 정상적이고 영리한 딸에게는 저주스러운 존재일 수밖에 없으리라는 것을 모두가 짐작하는 형편이기는 했지만, 막상 에미의 입으로 그 이야기를 듣자니 등골이 서늘했다. 점순 할아버지 대는 그 마을에서 내로라하던 지주였다. 6 · 25 전쟁으로 집안이 몰락한 데다 외아들이 전쟁 후유증으로 시룬시룬 정신을 놓아 사내 구실도 못할 형편이 되자 점순 할머니가 주워 온 반푼이 점순 어메였다. 그래도 계집아이 둘을 낳기까지 점순 아비는 점순어메를 품고 살았고, 그러다가 점순 자매가 학교에 들 무렵 저수지에 빠져 떠나는 바람에 점순네 할머니 혼자 팔 푼도 못 되는 며느리와 손녀딸 둘을 거느리고 살아, 집안 형편이라는 것이 목불인견, 동네의 근심 덩어리였다.

점순 어메의 겨울은 누구의 겨울보다 멀고 지루한 계절이다. 봄이면 나물바구니라도 들고 논둑과 밭머리로 나물이라도 캐느라고 해를 보내고, 가을이면 도토리를 줍거나 밤을 줍는 일로 소일을 하지만 겨울에는 정말 할 일이 없어 이리 치이고 저리 치이다가 방 밖으로 밀려 나와서는 먹이 없는 짐승처럼 정처 없이 헤맬 수밖에 없는 천덕꾸러기다. 이 겨울에 왜 어쩌다가 그렇게 갑자기 세상을 떠났을까……. 봄을 기다리기가 그렇게도 힘이 들었을까…….

요즘 세상에도 이런 움막이 있었던가 싶을 만큼 점순네 집은 찌그러지고 캄캄한 움막이었다. 팔순을 넘긴 점순 할머니는 무른 눈에 눈물을 달고 있었고, 그렇게 제 어미를 민주를 대던 점순 자매는 상복을 입고 문상을 받았다. '아아, 점순 어메는 정작 죽어서야 그 딸들에게 제대로 어미 노릇을 하고 있구나.' 철이 들면서 제 어미를 수치스러워 못 견뎌하던 점순은 어미의 죽음 앞에 소복

하고 문상을 받았다.

친척들이 모여들고 마을 사람들이 찾아와서 장례 치를 준비를 하느라고 그 집은 제법 분주했다. 내가 이 마을로 내려오면서 점순 할머니께 전도傳道를 했을 때, 아주 순하게 받아들인 할머니는 이래로 교회 덕을 수월찮게 받았고 이번에도 전적으로 교회 식구들이 장사 준비를 도맡았다고 했다. 딸들의 소복도 교회가 득달같이 장만해 입혔고, 소복한 자매가 울지는 않았지만 소복의 흰빛 속에서 어머니와 딸의 관계가 의연하게 정립되는 사실이 신기했다. 그 부모가 어떤 인물이었건, 죽음은 부모와 자식 관계를 정립해주는 신비한 절차였다. 딸들의 소복 속에 숙연함이 있었다. 굴속 같은 방안에, 이제는 지겨워하는 눈총도 받을 일 없이, 그 혼이 훨훨 떠나간 점순 어메가 식은 육신으로 누워 있었고 문상을 받는 딸들은 제법 의젓했다.

뜰아래로는 끝이 보이지 않는 겨울 저수지 휘휘했다. 잘 얻어먹지 못한 마을 개들이, 북적대는 사람들 눈치를 보며 어정거리고……. 문상을 끝냈지만 나는 점순 어메의 죽음을 등지고 매정하게 돌아설 수가 없어, 망망한 저수지를 향해 우두커니 서 있었다. 아득한 저수지를 바라보며 '어머니' 한마디를 입 속에 녹여 보았다. 어머니……. 나야말로 어머니를 잃고서야 어머니를 알게 된 이상한 딸이었다. 하룻밤 사이, 햇덩이 같은 아들을 잃고 비탄에 빠져있던 어머니에게 딸로 태어나 안겨진 나는 어머니의 비탄에다 수치심과 안타까움을 덧씌워드린 딸이었다. 둘째 딸인 나는 어머니의 사랑을 믿어 본 일이 없었고, 어머니를 향한 시선視線은 늘 차갑고 비판적이었다. 하지만 무슨 일이 있어도 그 자리 그곳에서 우리들을 지켜 주리라 믿었던 어머니는 섣달 그믐날 쓰러져 못내 일어나지 못하고 세상을 떠나셨다. 내 나이 스물아홉. 어머니는 지아비를 잃은 지 8개월 만에 그 뒤를 따라가셨다. 나는 8개월 만에 겹상을 입고 망연자실……. 눈물도 마음 놓고 흘릴 수 없던 망지소조罔知所措……. 득득 얼어붙던 한겨울 장례를 치러야 했다.

서울 집에서 아침 아홉 시에 떠난 장의차가 용인 선산 마을에 닿은 것은 열한 시. 마을 어귀에 상여가 기다리고 있었다. 너울거리는 앙장仰帳, 유소流蘇, 보장寶帳……. 상여를 꾸민 오색 빛깔은 겨울 하늘을 더욱 시리게 만들었다. 상여를 만난 순간 죽음에 대한 원색적이고 구체적인 슬픔이 솟구쳐 올랐다. 선산마을에 살던 친척들이 곡성哭聲 높여 장의차를 맞이하자 일대의 울음소리가 겨울 하늘을 흔들었다. 여자들은 어머니의 후하던 인심과 남다른 인정, 잔치라는 잔치를 도맡아 총찰하던 어머니의 음식솜씨며 누구의 슬픔이든 품어 주던 깊은 가슴을 아까워 아쉬워하며 소리쳐 울고 울었다.

장의차로부터 상여로 운구가 되자 두건과 행전 차림의 상두꾼들이 장강에 다가가서 상여를 들어 올렸다. "어화넘차 너어하아…… 북망산을 멀다 마오 건너 산이 북망일세…… 어하넘차 너어하아……." 산길은 오솔길. 상여가 가기에는 폭이 좁고 가팔랐다. 상두꾼들의 잦은 소리는 산모퉁이마다 굽이쳐 메아리 쳤고, 상주며 상제 복인服人들은 오일장五日葬에서 더는 흘릴 눈물도 없는 듯 휘청휘청 상여 뒤를 따라갔다. 등성이 너머에는 여덟 달 전에 땅에 묻힌 아버지의 무덤이 자리한 곳이었다. 상여가 등성이로 올라서자 새로운 곡성이 굽이쳤다. 사토장莎土匠이들은 광중壙中을 마련해 놓고 화톳불 가에 둘러섰다가 상여를 맞았고, 흰 차일을 쳐 놓은 제청祭廳에서는 앞서 가 있던 여인네들이 음식을 장만하느라고 바쁘게 돌아가고 있었다.

하관을 하기까지에도 제식절차며 시간을 맞추는 일들이 간단치 않았다. 꼬장꼬장한 문중 시골노인들의 예식절차가 너무도 복잡하여 모두들 오랫동안 떨고 서 있어야 했다.

하관이 끝나자 관 위로 명정銘旌이 덮여지고 그 위로 횡띠[橫板]를 가지런히 얹은 뒤에 흙을 덮기 시작했다. 상주로부터 한 삽…… 두 삽…… 널 위로 투덕투덕 떨어져 얹히는 흙더미……. 한 차례씩 흙질이 돌아간 뒤로 사토장이들이 삽을 빼앗듯 하면서 지체않고 달려들어 흙을 퍼 넣었다. 그렇게 퍼 넣던 흙이 얼마만큼 메워지자 달구질이 시작되었다. 무덤의 흙을 다지기 위해 사토장이

들이 흙을 밟는 순서였다. 여남은 명의 사토장이들이 한꺼번에 광중으로 뛰어들어 덩실 더덩실 춤을 추어가며 퍼 넣은 흙을 밟기 시작했다. 막걸리가 동이동이 나가고 그들은 큼직한 대접으로 막걸리를 퍼마셔가며 선소리 맞추어 더덩실 더덩실 달구질을 해나갔다. 사자死者에게 바치는 군무群舞는 슬프고 처량하면서도 구성진 장단이 있었다. 옛날에는 산짐승의 해코지가 무서워 광중을 다지고 다지느라고 사토장이들의 달구질이 길고 길었다. 제청을 만든 하얀 차일 위로 비껴가는 햇살이 이미 갈 길을 서두는데, 언니와 동생의 곡성을 듣고 있던 내 영혼은 슬픔을 잇사이에 물고 추위에 떨었다. 슬픔이, 추위에 떨고 있는 살아있는 살점肉身을 난도질하고 있었다.

어머니가 쓰러지시기 전날 밤, 과부가 된 어머니는 이혼녀인 둘째 딸에게 "이제 널랑은 나하고 함께 살자……."며 모녀 사이에 버티고 있던 장벽을 허물기 원하셨건만 나는 그 애절한 화해의 손길을 침묵으로 모질게 거절했다. 독한 것…… 모질고 독한 것…… 나에게는 남들에게 숨겼던 상처가 깊이 박혀있기는 했지만 나는 그런 딸이었다. 어머니는 세상을 떠나시면서 나에게 어머니가 되셨다. 그 사별은 비참하지만 분명한 성숙成熟을 나에게 안겨 주었다. 슬픔이 철들게 만들었고 간장 녹는 애달픔이 인생을 가르쳤다. 아아, 말로 다할 수 없는 인생의 아름다운 비의秘意가

죽음 속에 있었다. 나는 아무도 없는 자리에서 혼자 울고 또 울었다. 눈물을 양식 삼아 날을 지새웠다. 그림자놀이 같은 삶을 두고 아글타글 할 일도 아니라는 것을 배웠고, 살아있는 동안 매듭을 풀고 떠나야 한다는 것을 어렴풋이나마 깨달았다. 그리고 어느 날, 나도 어머니가 가신 그 길을 따라서 가며 그 죽음의 길에서 인생의 마지막 숙제를 풀 수 있으리라 믿었다. 갑작스러운 사별에 오직 슬픔만이 구원이었다. 눈물과 슬픔…… 그로부터 나의 삶은 눈물에 떠서 흘러갔다.

점순 자매는 울지 않았다. 그러고 보니 근래 부모상을 당하고도 눈물 없이 치르는 장례가 곧 많이 눈에 띄었다. 자주 찾게 되는 상가에서, 장성한 자식이나 아직 어린 자식이나 부모와의 사별을 두고 애통해 하는 모습을 보는 일이 드물어졌다. 곡성哭聲이 없는 일이야 세태 따라 그렇다 하겠지만, 이상도 한 일이지……. 이 거리에서 애통과 슬픔이 사라지고 있었다. 무엇이 우리의 슬픔을 잡아먹었을까. 우리에게 인생의 깊이에 눈 뜨게 만들어줄 사별의 애절함을 집어삼킨 것은 무엇일까. 슬픔을 휴지처럼 구겨 던진 이 거리에 황량한 바람이 휩쓸려 갈 뿐……. 영원한 안식安息. 영원을 향해 옷깃을 여미게 만드는 비밀한 약속, 사별死別.

# 5.
# 덧없어도
# 인생은
# 아름다워

# 그렁그렁 소의 눈물

시골 마을에서 점점 사람 소리가 없어져 간다. 기계 모를 낸 뒤에 병아리 눈썹 같던 모가 한 뼘쯤 자라오를 때면 두루미가 눈부신 날개를 접고 기웃기웃 논에서 놀 뿐, 사람 소리도 그림자도 없어져 가는 지 오래다. 벌판 멀리 양계장이며, 동산 둔덕 저쪽으로 돼지농장이 있어도 이따금 대형 트럭이 드나들 뿐, 사람은 보이지 않는다.

그리워라, 사람과 소가 어우러져 논농사를 짓던 그 시절. 불끈 힘을 준 사람 소리와 소의 된 입김 소리는 사람과 소가 함께 가는 길동무들의 소리였다. 불과 십 오륙 년 전까지도 시골에는 더불어 목숨 동무가 함께하는 소리가 있었다.

그 무렵, 책상 앞이 시들해지면 논둑에서 하루해를 보내는 날들이 있었다. 산자락에 이어진 콩밭머리에서 풀을 뜯는 덕이네 소가 친구였다. 때때로 하늘바래기 하듯 턱을 치켜들고 한가하게 되새김질하는 소를 바라보고 있으면 삶의 신산辛酸도 슬며시 풀어졌다. 그때도 20여 세대 중에 소를 먹이는 집은 덕이네뿐이었다. 사료를 쉽게 구할 수 있어 쇠죽을 끓이는 일도 없어졌고, 논둑에서 풀을 뜯기는 일도 옛날 같지 않아서 소를 둔덕에 매어 두는 일도 드물어, 덕이네 소가 논둑으로 나오면 그저 말없이 바라만 보는 친구 같아서 든든했다. 뜨거운 한낮을 피해 새벽이슬 헤치고 김을 매던 사람들도 집 안으로 들어가고 나면, 마을에 물렁하고 후끈한 햇빛만 가득 차는 시간에 나는 참나무그늘에 허리를 걸치고 덕이네 소를 건너다보며 지냈다.

그 전해, 봄, 덕이네 소가 우리 집 논을 갈다가 발톱까지 찢겨 피를 흘린 일을 잊을 수가 없어서였다. 전해 가을에 경지정리를 한 뒤여서 논이 너무 물러 기계로 논을 갈 수가 없었다. 기계 임자마다 논을 들여다보고는 기계가 빠진다고 고개를 설레설레 저었다. 형부와 언니는 발을 동동 굴렀지만 기계 임자들은 냉정했다. 그런 딱한 처지를 보고 덕이 할아버지가 소를 선뜻 내놓았지만, 소는 머지않아 새끼를 낳을 어미 소였다. 배가 불룩하다 못해 무겁디무겁게 처져있는 어미 소였다. 소를 보고는 차마 못할 노릇이다 싶어 차라리 농사를 한 해 쉬겠다고 했더니 덕이 할아버지가 껑거리솟음을 쳤다. "아아니? 농사꾼이 소가 불쌍하다고 농사를 걸려요?" 그리고는 얼마 전 다리를 다쳐 다리도 시원찮은 양반이 서둘러 소를 몰았다. 쟁기를 진 소는 무거운 몸으로 헐떡거리면서 논을 갈았다. 논은 수렁이었다. 돌도 많았다. 써레질을 할 때는 정말 견딜 수가 없었던지, 앞다리를 뻗치고 코뚜레가 찢어져라고 머리를 치켜들고 막무가내로 꿈쩍도 하지 않았다. 할 수 없이 한숨 돌릴 겸, 흙탕물로 뒤발을 한 소를 끌고 논둑으로 올라왔을 때, 소를 보니 앞발굽에서 피가 흐르고 있는 게 아닌가. 세상에! 목이 메어 그 정경을 바로 볼 수가 없었다. 그 어질디어진 눈에 눈물이 그렁그렁 맺혀 있었다. "덕이 할아버지! 이제 정말 그만두세요! 제발 그만두세요! 소가 너무 가엾어요. 제발 그만두세요. 뱃속에 든 송아지도 기를 못 펼 것 같네요." 내 눈에서도 눈물이 흘렀다. "아이구, 나도 알아요! 저 소의 속을 나보다 더 잘 알 사람이 어디 있나요? 하지만 갈던 논을 그냥 버려 둘 수 없잖여요? 이따가 일 끝내고 쇠죽 한번 구수하게 끓여주고 잔등이나 따뜻하게 쓸어 주면 저도 내 속을 알아주겠지요." 소가 찢어진 발굽에 피를 흘리며 다시 논물로 들어갈 때는 차마 지켜볼 수가 없어 외면하고 돌아서서 눈물을 훔쳤다.

그 후 덕이네 소는 새끼를 순산했고, 송아지는 무럭무럭 자라서 얼마 후 건넛마을로 팔려갔다. 세월이 흘러도 그때 눈물 그렁그렁 하던 어미 소의 눈물은 평생 잊히지 않는다. 어질고 순한 짐승,

서두르는 일 없이 저 할 일을 가득 차게 해내는 짐승, 무심해 보이지만 그 큰 몸집으로 슬픔을 드러내는 짐승……. 짐승이라 부르기가 미안할 만큼 한 집안의 일을 몇 사람 몫 이상으로 해내는 식구가 아니던가.

나는 이따금 덕이네 소를 만나러 들로 나갔다. 풀을 뜯던 소가 천천히 무릎을 꺾고 엎드리면 그때부터 그린 듯이 먼산바라기로 직수구려 엎드려 있다. 마치 무엇을 그리워하듯, 아니면 잃어버린 무엇을 찾아내려는 듯ㅡ 그럴 때면 나무그늘에 앉아 있던 나도 소를 따라 먼 산을 바라본다. 능선이 능선의 능선을 업고 멀리 멀리까지 이어지는 우리네 산. 한여름 농촌의 나른한 풍경은 모든 생명이 생명 고르기를 하는 고요함이다. 푸성귀가 자라다가 성장을 멈추는 겸허함이다. 생명과 생명이 어우러져 너와 내가 하나로 숨 고르는 때. 한여름 한더위 속을 그렇게 앉아 있으면 내가 무엇 한 가지를 잃어버렸지……, 싶은 막연한 생각이 떠오르고ㅡ 생명 끝자락 어딘가에 남아있던……, 숨겨진 목마름 같은……, 추억의 실마리가 숨어버린 듯한……. 그것이 무엇이었을까…….

아! 구름이었다. 여름 하늘의 눈부신 뭉게구름에 대한 그리움. 쪽빛 하늘에서 뭉게구름으로 일어나 천변만화를 이루며 흘러가는 구름. 때로 그 구름은 갑작스럽게 먹빛으로 변하면서 한소나기를 퍼붓는다. 깨어나라고, 다시 깨어나라고 한낮 명상瞑想에서 깨어나라고. 그렇게 한소나기가 지나가면 알싸한 흙 향기가 피어오르면서 선들바람이 땀을 거두어 갔다. 그것은 영혼이 몸을 버리고 떠나갈 때 고향 길을 향해 흘러가는 흙의 향기였다.

여름방학에는 외갓집 들판에서 소나기를 자주 만난다. 나보다 나이가 많은 외사촌의 장남을 따라 개울에서 멱을 감을 때, 갑자기 겁주는 목소리로 조카가 소리를 지른다. "아지매! 아지매! 저기! 저기! 소나기! 소나기가 온다!" 하늘을 보면 건넛마을에 먹구름이 뭉쳐 있고. 거기서 비가 억수로 쏟아지는 것이 건너다 보였다. 개울에서 달려 나와 옷을 싸안고 달음질을 치면 소나기가 우리하고 경주를 하듯 숨차게 쫓아왔다. 미쳐 참외원두막에 이르기 전에 아이들은 쫄딱 젖어 웃음과 기성을 질러가며 겅정거렸다. 소나기가 안겨주는 생명의 용솟음이었다. 그렇게 개울물과 빗물에 퉁퉁 불은 얼굴로 원두막에 올라가 참외를 먹어가며 비를 긋는다. 참외로 배를 불려 배가 맹꽁이처럼 될 무렵이면 하늘은 언제 그랬더냐 싶게 옥색 하늘로 열리고 눈부신 뭉게구름이 다시 아이들을 손짓했다.

그렇게 비 한 소끔을 들이마신 푸성귀는 풋풋한 향기로 천지를 가득 채우고, 숨죽여 들여다보면 땅기운에서 솟구치는 흙냄새와 함께 채마밭의 채소들이 자라 오르는 것이 눈에 보일 정도였다. 소나기를 흠뻑 맞은 아이들도 키가 한 치쯤 자란 듯 의기양양하게 다시 냇가로 달려갔다.

이제는 하늘이 그때의 하늘이 아니다. 겨울에도 황사黃紗가 밀려와 도시고 전원이고 가리지 않는 우울한 황사 하늘이다. 뭉게구름을 자주 볼 수가 없어졌다. 별이 어디로 숨었는지 찾을 길이 없다. 몽골 고비사막과 중국 내몽골 고원, 북동부 지역에 비가 내리지 않아, 저기압으로 가벼워진 공기가 발원지의 흙먼지를 지상地上 25km 위로 띄워, 강한 북서풍으로 한반도까지 밀어냈기 때문이다. 미세먼지! 미세먼지 때문에 호흡기질환이 만연하고, 전국이 기침으로 쿨럭거린다. 하늘이 이 지경이 되었건만 사람들은 하늘이 푸르지 않다는 것을 예사로 여긴다. 얼마 전 인공비[人工雨]를 만들 수 있게 되었다는 수선스러운 보도가 있었다. 하지만 하늘이 비를 내리지 않으면 가뭄은 무시무시한 재앙으로 온다.

물, 물, 오래전 우리나라가 물 부족 국가로 지정되었지만 심각하게 여기는 사람도 없지 싶다. 그저 남부여대 승용차란 승용차는 있는 대로 몰고 나와 산으로 바다로 치달아 쓰레기를 산처럼 남겨두고 나 몰라라 돌아오는 삶을 삶이라 여기는 세상. 고요하거나 잠잠하면 미치는 줄 알고, 하다못해 야구나 축구, 골프 공을 바라보며 환호하고 실망하며 꿈에서까지 무엇에 쫓겨 가며 살아가는 것이 현대인이다. 바빠! 바빠! 바쁘기만 할 뿐 삶이 없는 세상을 달리고 달리는 것이 현대인이다.

덕이 할아버지는 쇠죽을 끓여 배불리 먹이고도 소를 논둑이나 잣나무 갓 그늘에 자주 매어 놓는다. 삼복더위에 외양간이 갑갑할까봐 그렇게 한단다. 주인의 넉넉한 마음을 알았다는 듯, 소는 잠시 풀을 뜯는 척하다가 가만히 엎드려 먼산바라기를 한다. 무엇인가를 그리워하듯……, 잊었던 무언가를 되새기듯……, 솜사탕구름과 소나기를 기다리는 걸까.

시간이 멈춘 여름 한낮. 맑은 하늘이 차츰 없어져 가고 하늘이 소나기구름을 잃었지만, 한여름 시골의 적막 속에는 고향이 있었다. 푸성귀가 숨죽이고 있었지만, 문득 그리운 옛날로 돌아간 듯한 공간과 시간 속에서 본향本鄕으로 가는 길이 열리는 듯한 한낮. 정물처럼 엎드려 있는 소 한 마리. 지글거리는 8월의 태양 아래 오래 묵은 이끼처럼 엎드려 있는 몇 채의 농가農家. 왕성한 생명력으로 자라고 있으면서도 여름의 침묵을 다물고 있는 밭작물들. 나무 그늘 아래로 건듯 지나가는 한 점 바람까지도 움직임이 아니라 한 세상의 향기로운 침묵으로 머무는 여름 한낮.

사람의 말을 빌려 쓸 일 없이 침묵 속에서 어우러지는 생명과 생명의 속삭임. 생명은 유기체有機體요 사랑임을 가르치는 겸허한 자리. 들숨에 흙이 들고 날숨으로 기氣를 나누는 자리. 정물처럼 엎드려 있는 덕이네 소 안으로 내가 들어가고, 그의 눈물을 잊지 않고 있는 내 안으로 덕이네 소가 들어오는 자리였다. 갈 일도 없고 올 일도 없는, 시작도 없고 끝도 없는 적막寂寞. 가질 일도 잃을 일도 없는, 알아보는 이도 없고 알아보아야 할 사람도 없는— 무위無爲적막의 자리는 그대로가 하늘나라였다.

어질디어진 눈에 그렁그렁 맺혔던 소의 눈물이 가르친 구원의 자리였다. 찢어진 발굽에 피를 흘려가며 논을 갈아 주던 소의 눈물이 가르쳐 준 구원의 자리였다.

# 봉숭아 전설

"울밑에 선 봉선화야 네 모양이 처량하다……." 일제 말엽, 언니와 어머니가 이따금 부르던 노래는 왜 그리 서러웠던지. 여름 방학 때 외가에 가면 종일 밭일, 부엌일에 시달리던 외숙모는 깊은 밤에라도 아주까리 잎을 따 들고 '조카님'의 손에 봉숭아물을 들여 주었다. 세상천지 슬프도록 착한 여인네 외숙모는 막내시뉘인 내 어머니의 어린 딸을 조카님이라 부르며 하대할 줄 모르던 어진 사람. 그 바쁜 여름살이 무슨 하가에 어린 조카딸 봉숭아를 잊지 못했는지. 잠결에 손을 내어 밀고 꿈결처럼 스치는 아주까리 잎의 풋풋한 향기로 손가락을 싸매주던 외숙모의 손길이 지금도 아련하다.

금년에도 여남은 그루의 봉숭아가 밭머리에서 꽃을 피웠다. 씨를 뿌리지 않아도 절로 싹틔우고 꽃이 열리는 색색가지 봉숭아가 한여름을 살고 있었다. 십여 년 전, 언니가 모종을 얻어 온 뒤로, 다음 해부터는 그 자리가 제 집인 양 봉숭아는 제 살림을 살았다.

여름이 기승할 때부터 꽃을 피워, 다른 여름살이가 그럭저럭 자취를 감출 때까지 지치지 않고 꽃 살림을 이룬다. 선홍, 분홍, 보라 그리고 흰색이 어우러져 골고루 피어나, 한 옆으로 꽃을 보여주며 시나브로 꽃잎을 떨구면서 여인네의 눈길이 닿기를 하염없이 기다린다.

봉숭아는 나에게 영원한 열네 살의 꽃이다. 손톱에 물들이는 꽃이 아니라 가슴속 깊은 곳에 물래 물드는 숨어있는 꽃이다. 봉숭아로 물들인 손톱에는 언제나 기다림이 있었다. 이름도 없는 사람, 얼굴도 모르는 누구인가가 있었다. 손톱이 자라면서 손톱눈에 하얀 반달이 생기고 봉숭아물이 손톱 끝으로 미끄러져 나가는 것은 언제나 남모르는 안타까움이었다. '손톱에 봉숭아물이 남아있는 동안에 첫눈이 오면 그리운 사람을 만난다.'는 전설로 남아있는 꽃 봉숭아. 그저 덩달아 봉숭아물을 들이던 어렸을 때 같지 않게, 그 전설을 봉숭아와 백반에 곱게 이겨 처음으로 전설과 함께 봉숭아물을 들인 것은 전쟁이 나던 해 늦여름이었다.

학제學制가 바뀌어 채 2년도 채우지 못하고 중학교 3학년이 된

나는, 그 여름에 발발한 전쟁을 어떤 각도로도 실감하기 힘들었다. 하지만 막상 전쟁의 혹독함은 배고픔으로 왔다. 전쟁 발발 한 달이 가깝던 어느 날, 이웃에서 형제처럼 자라던 친구의 손을 잡고 서대문에 있는 적십자 병원으로 따라간 것은 '먹을 것이 지천이더라!'는 말에 이끌려서였다. 천부당만부당 엄격하게 말리던 어머니의 눈을 속이고서였다. 엄연한 부역附逆이었다. 아무리 어린 학생이요, 배고픔을 면하기 위한 수단이었다지만 적군敵軍 부상병 시중을 들러 간 것은 일종의 반역 행위일 수 있었다. 서대문 네거리 적십자병원 앞은 인민군 부상병을 실어 나르는 군대차로 붐볐다. 병원에는 이미 2, 3년 선배 되는 말만 한 처녀들이 수두룩했다. 그들에 비해 우리 같은 것들은 눈에 뜨일 것도 없는 조무래기였다.

아닌 게 아니라 나는 저녁부터 꿈도 꾸어본 일 없는 진수성찬을 만났다. 덕분에 시체실(당시에는 영안실이라는 말을 쓸 줄 모르던 때였다.) 건너편에 있던 간호원 기숙사의 첫날밤을 공포에 질려 불빛도 없는 측간厠間 출입을 수없이 했지만…….

다음날 나에게 부여된 임무(?)는 인민군 장교 두 명이 있는 병실 청소와 잔심부름이었다. 병실로 들어서던 순간 마주친 것은 창문 옆 침상에 걸터앉은 인민군 장교였다. 그리고 가슴으로 부딪쳐 온 것은 그 이마의 차가움이었다. 수려한 얼굴, 눈이 서늘한 장교였다. 그런데 그 이마가 얼음처럼 차갑게 느껴졌다. 그때까지 그런 얼굴을 본 적이 없었다. 차가움만이 아니었다. 어떤 고통의 표적表

跡이랄까, 고뇌의 무게처럼 느껴지던…….

그 나이에 이르기까지 수많은 아저씨나 오빠들을 대해 왔지만 그런 느낌을 느껴 본 적이 없었다. 비밀한 순간, 비밀한 충격이었다. 그러나 그 충격의 얼굴을 익힐 사이도 없이 나는 언니들의 등쌀에 그 방에서 자주 밀려나야 했다. 유난히 그 방에만 말만 한 선배들이 들끓었다. 바로, 그 이마가 차가운 장교 때문이었다. 당번이 아닌 언니들도 공연히 들락거렸고 그 방에 갈 구실을 만들어, 한번 들어가면 무슨 구실을 붙여서라도 나오려고 하지 않았다. 한 옆 병상에는 눈을 못 보는 장교가 누워 있어, 식판을 들고 그에게 밥을 떠 넣는 일이 내 일이었지만 언니들이 "얘, 그 식판 이리 내라. 내가 가져 갈게." 하고 빼앗기 일쑤였다. 그러나 그 차가운 이마의 장교가 누구를 마주보며 말하는 것을 볼 수 없었다. 남반부南半部 여학생뿐 아니라 인민군 동료들하고도 마찬가지였다. 같은 방 옆 침상의 부상자가 눈을 다친 장교이기는 했지만 그하고도 말을 나누는 것을 본 일이 없었다. 벙어리가 아닌가 싶을 만큼 말이 없었다. 눈 못 보는 장교에게 밥을 먹여주기도 하고 그 방을 정리 청소를 할 때도 그는 기침 소리 한 번 내는 일이 없었다. 그는 때때로 창문 밖을 하염없이 바라보거나, 침대에 걸터앉아 고개를 가슴에 묻고 동상銅像처럼 앉아있었다. 선배 여학생들은 그가 입을 열어 말을 걸어 주기를 바라고 풀방구리에 쥐 드나들 듯했지만 그는 누구도 안중에 두지 않았다.

적십자병원으로 나를 안내했던 친구는 천재적인 춤꾼이어서 학교 예술제에서도 단연 여왕이었고, 밤이면 병원 옆에 마련된 가설무대에서 발레와 고전 무용으로 박수갈채를 받았지만, 나는 있는 듯 없는 듯 초라한 저학년低學年 부역꾼으로 뒷전을 맴돌았다. 경상자輕傷者들은 위문공연뿐 아니라 삼삼오오 모여서 잡담도 하고 바람을 쐬는 일이 예사였지만, 그 장교는 물론 그런 자리에 섞이지 않았다. 그러던 어느 날 밤, 그 병실 앞을 지나가던 나를 그가 불렀다. 옆 침상의 눈 못 보는 환자는 잠이 들었는지 숨을 고르게 쉴 뿐 조용했다.

그가 목소리를 내어 나를 불렀던가. 그의 목소리를 들었던 것 같지 않았다. 아마 손짓을 했겠지. 나는 그 차가운 이마를 바라보며 그에게 다가갔다. 불빛이 밖으로 새어 나가지 못하게 만들어서 병실은 검은 장막 아래서 컴컴했다. 그는 머리맡 서랍을 열더니 그 안에 가득 차 있던 초콜릿이며 과자를 몽땅 꺼내며, 나의 교복 치마를 펼치라 했다. (전쟁 중 미국에게서 빼앗은 물품들이었다.) 깜짝 놀랄 만큼 많은 초콜릿도 그랬지만 내 교복 치마를 펼치라는 그의 말에 수치심이 치밀어 뒷걸음질쳤다. 그러는 나를 그가 물끄러미 바라보며 입을 열었다. "나는 내일 전선으로 간다…… 어서 받아요……." 다음 순간, 수치심이고 노여움이고 간에 가슴이 무엇에 찔린 듯 아프면서도 자존심이 몹시 상했다. 나를 동정해서였을까? 새까맣고 볼품없는 아이가 별로 인기를 끌지 못하는 것을 불쌍하게 여겼을까. 나는 태어나는 순간 딸이라는 이유로 어머니 눈밖에 난 자식이어서 늘 미운 오리새끼처럼 별나게 놀았고, 사랑받지 못한 열등감은 일생을 곤고하게 만들어 그런 경우에도 생각이 날카롭고 복잡했다. 가설무대에서 들리는 노랫소리를 아련하게 들으며 묵직해진 치마를 걷어들고 시체실 건너편의 캄캄한 기숙사로 돌아와 자리에 눕자, 귀밑으로 걷잡을 수 없이 눈물이 흘렀다.

이튿날, 그가 짐을 꾸리는 것을 보며 복도 구석에서는 언니들이 쿨쩍거렸다. 상급반 여학생들에게 신비의 왕자였던 그가 떠난다! 하지만 그렇게 달뜬 여학생들 중에 누가 그 이마의 차가움 때문에 가슴을 떨었던 사람이 있었을까. 오후 세 시. 전선으로 배치된 그를 싣고 갈 군대차가 정문 앞에 도착했을 때, 나는 이층 창 옆 먼빛으로 그 얼음장 같은 이마를 바라보았다. 자신의 운명, 이 나라의 운명에 대해 한없는 아픔과 슬픔을 미리 알고 그 고통으로 얼어버렸을 차가운 이마……. 수십 년이 지난 뒤, 성경聖經의 에스겔서가 그 수수께끼를 풀어주었다. "주님께서 그에게 말씀하셨다. 너는 저 성읍 가운데로 곧 예루살렘으로 두루 돌아다니면서, 그 안에서 일어나는 모든 역겨운 일 때문에 슬퍼하고 신음하는 사람들의 이마에 표標를 그려 놓아라."(에스겔 9:4) 그는 민족이 두 동강 난, 최악의 참담한 전쟁에 끌려가며 고통으로 얼어붙었으리라. 나는 그가 떠난 다음날 그곳을 떠나 집으로 돌아왔다. 한 주일 만이었다. 아버지 어머니의 극에 달한 노여움을 견딜 수 있었던 것은 일선으로 떠나간 그에 대한 애틋한 상념을 몰래 품고 있던 덕이었다.

밤이 되면 아무도 기거하지 않는 이층 빈방으로 올라갔다. 창문에서 바라보이는 별 중에 그중 빛나는 별 하나를 언제나 가슴에 품었다. 이마가 차갑던 그는 이성異性이 아니었다. 고뇌와 고통을 눈뜨게 만든 왕자였다.

밤잠을 못 이루고 나른하게 앉아 있던 아침, 장독대 화분에서 꽃 핀 봉숭아를 발견했다. 순간 가슴이 설렜다. '손톱에 물든 봉숭아물이 첫눈이 올 때까지 지워지지 않으면 그리운 사람을 만나게 된다.' 그때까지 그저 무심한 바람결 같던 전설이 갑자기 생생하게 살아났다. "아아니! 이 전란 통에 무슨 봉숭아냐? 당장 내일이 어떻게 될는지 모르는 판국에!" 펄펄 뛰는 어머니를 모른 체하고 나는 피마자 잎을 얻어다가 약지와 새끼손가락에 봉숭아를 싸맸다. 총포탄의 화약 냄새와, 한밤중에 내무서원에게 끌려가는 사람이 질러대는 비명悲鳴까지 백반과 봉숭아에 찧어 넣고, 그 밤에도 빛난 별을 바라보며 그 별빛까지 봉숭아에 몰래 숨겨 넣었다. "말복이 다 되었는데 무슨 봉숭아니? 더구나 이제 머잖아 국군이 밀고 올라오면 너는 부역자로 잡혀가야 할 걸? 너는 인민군 부상병 심부름을 했으니 학교에도 갈 수 없을 게다." 이번에는 언니의 지청구였다.

낙동강 전투에서 밀리기 시작한 인민군이 북으로, 북으로 밀려 올라간다는 소식이 이어졌다. 적십자병원에서 일하던 언니들은 모두가 이북으로 끌려갔다는 소문을 들어가며 나는 애벌 봉숭아에 두 번째 물을 들였다. '손톱아, 손톱아, 첫눈이 올 때까지 자라지 말거라.' 간절한 염원과 함께 싸맨 두벌 봉숭아는 선홍색으로 물들었다. 별빛을 바라보던 밤이면 손톱이 자라지 못하도록 두 손을 가슴에 묻고 밤하늘을 바라보았다. 필시, 공산주의자들에게 강제로 끌려 나온 사람, 전쟁을 피해 가지 못하고 인간악人間惡에 절망하며 전쟁터로 끌려갔을 사람……. 총탄도 그의 차가운 이마를 건드리지 못했으리라. 어떤 포화도 그의 얼음 같던 이마 앞에서 불발로 무너졌으리라.

9·28 수복 후에 나는 시치미를 떼고 학교로 갔으나 누구도 트집을 잡지 않았다. 하지만 두어 달 남짓 후, 한겨울에 우리는 집을 버리고 피난길에 올랐다. 피난열차를 기다리는 아비규환의 서울역 대합실로 눈보라가 쳐들어 왔다. 내 손톱에는 하현下弦달보다 더더 가늘디가는 봉숭아물이 남아 있었다.

전쟁의 상처도 기억도 어지간히 지워져 살기 좋아진 우리나라, 봄이 되면 각 지자체가 들고 나서서 곳곳에서 꽃 박람회를 펼치고, 세계 곳곳에서 수입해 온 만 가지 꽃들이 천지를 채워도 봉숭아는 보이지 않았다. "울밑에선 봉선화야 네 모양이 처량하다……." 노래도 아득하게 멀어져 그 노래를 부르던 사람들도 어디론가 가버렸다.

매니큐어가 생긴 것은 살림으로 영일 없던 유럽의 주부들이, 손톱 살에 때가 끼는 것을 감추기 위해 생겼다는 일설이 있지만, 이제 매니큐어는 웬만한 여자들의 일상이 되었다. 손톱이 숨을 쉬지 못하는 모양내기지만 무가내로 손톱에다 가지각색 매니큐어 칠을 하는 우리나라 여성들의 손톱이 때로 사나워 보이는 것은 내가 촌스러워서일까. "울밑에 선 봉선화야 네 모양이 처량하다……." 이제는 봉숭아물을 들일 일 없는 나이가 된 내 손톱을 쓸쓸하게 들여다본다.

# 덧없어도 인생은 아름다워!

한여름에는 새들도 더위를 타는지 아침나절 지저귀다가 한낮에는 자취를 감춘다. 그 옛날, 벼가 영글 무렵에는 “새 보아라!” 논에 달려드는 새를 쫓으라는 어른의 호령이 삼엄했다. 요즘은 그렇게 극성스러운 참새들도 드물고 사철 드나들던 조롱이, 황조롱이, 후투티는 꿈속의 새가 되었다. 더러 까마귀며 까치가 무엇에 화가 나서 나무라듯 쉬어터진 소리로 헤살 놓듯 맴돌다 가는 일이, 그나마 요즈음 새 구경 한 몫이다.

이웃집 할머니는 수수밭으로 달려드는 까치들 등쌀에 골머리를 앓다가 허수아비를 세워놓더니 엊그제는 그 허수아비 목에 까치 한 마리를 매달아 놓았다. 수수이삭에다 일일이 양파 망을 씌웠어도 양파 망쯤 간단히 찢어내고 수수이삭을 작살내는 까치를 어떻게 잡았는지, 처참하게 잡힌 까치가 허수아비 목에 목을 매달고 있었다. 너무 섬뜩하여 발이 얼어붙었다. 까치가 스스로 목을 맸을 리는 만무하고……. 참다 참다 화가 치민 할머니가, 봄부터 콩밭을 헤집어 못쓰게 만든 까치 떼에게 본때를 보여줄 심산이었던가 본데, 차마 눈뜨고 두 번을 볼 수 없는 광경이었다.

드디어 인간이 그 손으로 자연을 효수梟首한 장면이었다. 그렇게 매달린 까치를 하늘도 땅도 별일 없었던 듯 무심하게 넘어가지만, 만물의 영장이 자연을 목 졸라 죽인 현장이었다.

사람들은 까치를 익조益鳥라고 일러왔다. 그러나 근래 까치는 밭작물을 가차 없이 헤집는 극성맞은 새가 되었다. 다른 새들이 흉내 낼 수 없는 영리하고 심술궂은 새가 되었다. 콩밭을 용케 알고 땅을 일기집어 씨앗으로 심은 콩을 파먹었다. 땅콩, 강낭콩, 메주콩 등 싹이 나서 한 뼘쯤 자랄 때까지는 까치하고의 실랑이가 보통일이 아니었다. 그들은 치밀하고 조직적이고 일사불란한 명령체계를 갖추고 있는지, 거느리는 놈에 망보는 놈에, 역할 수행을 철저하게 하여 한번 습격을 당하면 콩밭은 잠깐 만에 엉망이 되었다. 수수밭 임자가 봄부터 얼마나 시달렸으면 그런 짓까지 했을까 그 심정을 알만도 했지만, 그 밭머리 쪽으로는 눈뜨고 다닐 수가 없었다.

까치의 입장에서 보면 인간들의 소행머리도 결코 용서하고 싶지 않았을 것이다. 농약, 화학비료, 그 끔찍한 제초제…. 인간들이 땀을 흘리지 않겠다고 온갖 꾀를 다 부리는 통에 산이고 들이고 그 흔하던 벌레가 씨를 말렸으니 그들의 입장에서 보면 인간이야말로 흉측하기 이를 데 없는 포식자요 약탈자 아니었을까. 논을 새까맣게 수놓던 개구리 알이며 개구리도 이제는 신기한 생물이 되었으니 까치들의 입장에서는 인간이 원수 같을 수도 있었겠다.

이제는 꽃이 지는 모습도, 옛날 분분 날리며 서럽게 지던 꽃이 아니다. 꽃잎이 하나 둘 바람에 날리며 지는 것이 아니라, 비 한 번에 데쳐 놓은 것처럼 뭉그러지고 마는 것이 요즘 꽃들의 종말이다. 인간은…… 저렇게 까치의 목을 달아매듯 나날이 자연의 목을 달아매고 있다.

농촌의 한낮이 기울면 밭머리도 생기를 잃고 사람도 느른해진다. 점심 자위가 뜰 무렵, 무심결 앉아있는데 갑자기 총탄 터지는 소리가 진동했다. 무슨 일인가 놀란 가슴을 여미고 둘러보니 우리집 대형 유리창이 박살이 났다. 폭약 터지듯 엄청난 소리로 박살난 유리창의 유리조각들이 낭자했다. 기겁하여 얼어붙어 일어설 기운도 없었다. 한동안 뜸을 들이고, 혹시 누구 못된 인간이 유리창에 팔매질을 한 것이 아닌가 하여 식구들이 달려 나갔다. 그런데 사위가 조용했다. 숲도 논밭도 그 소리에 놀란 듯 숨을 죽이고 있을 뿐, 아무것도 보이지 않았다. 사람 기척이라고는 없었다. 상대가 누구든 단단히 혼을 내리라 벼르던 분심이 무색했다. 하릴없이, 참담하게 깨어진 유리조각이라도 치우려고 창문 앞으로 다가가다가 깜짝 놀랐다. 까투리 한 마리가 새까만 눈을 올롱하게 뜨고 숨을 헐떡이고 있었다. 그 녀석이 대형 유리창을 향해 투신投身, 아니, 전신을 투척投擲했던 것이다. 세상에! 이게 대체 무슨 일이란 말이냐? 사람을 보고도 움직이질 못하는 것을 보니 어디가 부러져도 단단히 다친 것 같았다. 아니! 그 몸집으로 그렇게 큰 유리창을 박살을 내고도 아직 숨이 붙어 있는 것이 기이했다. 두 손으로 안아 일으켰으나 날개 한번 움쩍하지 못했다. 피가 흐르는가 살폈으나 피 흐른 흔적은 없었다. "왜 그랬니? 왜 그랬어?" 안타깝게 물었으나 눈만 말똥하게 뜨고 있을 뿐이어서 오히려 내가 안절부절못하다가 길 건너 숲으로 데리고 가서 나무 밑에 앉혀주었다. 사람 기척만 나면 기겁을 하던 꿩이 도무지 움직이지 않고 가만히 엎드려 있는 것이 못미더워 할 수 없이 다시 데리고 집으로 돌아왔다. 마루 한 구석에 앉혀놓고 쌀알을 대주어도 입도 대지 않았다. 봄에 알을 품어 여남은 마리의 꺼병이를 거느렸을 텐데, 새끼들을 어떻게 하고 유리창 저쪽 하늘을 향해 달려들었을까.

스스로 일어날 수 있겠는지 한걱정을 하는 한편 유리가게에 연락해 유리창부터 갈아 끼웠다. 어이없는 손재수損財數였지만 까투리의 생환이 한 근심이었다. 사람들이 집안으로 들락거리는 것을 꺼려할 것 같아 까투리를 다시 데리고 마당 한옆에 자리를 잡아

주었다. 혹여 나름대로 힘을 얻어 사람 눈치 등지고 제 힘으로 날아가기를 빌면서- 하지만 이튿날 아침, 우리의 근심도 소용없이, 대문 없는 우리 집을 무시로 드나들던 이웃집 개한테 까투리는 물려 죽었다. 죽어서 눈을 감은 까투리의 시신이 섬뜩했다. …… 그는 왜 유리창을 들이받았을까. 유리창 저쪽 하늘에 무엇을 찾아가려 했을까. 혹시 수꿩인 장끼를 잃은 것일까. 아니면 화려무비의 깃털을 자랑하던 장끼에게 배신을 당한 것일까. 어떻든 까투리는 어떤 절박함에 몰려 유리창 저쪽 하늘을 향해 돌진하다가 생을 마감했다.

몸을 던져 죽은 까투리의 주검 앞에서 문득, 요즘의 가당찮은 세태가 떠올랐다. 황혼이혼, 폰섹스(Phone sex), 노래방 도우미 중년 여성들, 묻지 마 관광, 지방자치 각 면面단위로 떠나는 산행山行 버스…… 등 이제는 구문舊聞이 된 기사記事가 떠올랐다. 서울 지방 할 것 없이 벌건 대낮 같은 아침에 관광버스가 십여 대씩 늘어서 있고, 속속 모여드는 것은 너무도 천연스러운, 그러나 생면부지의 중년 남녀들이라는 것. 절대다수의 정숙한 주부들을 두고 이런 내용을 기사화하는 일조차 용서할 수 없는 일이겠지만, 원조교제, 늘어나는 성폭행, 아슬아슬하게 허벅지를 드러낸 젊은 여성들의 옷인지 천 조각인지 모를 옷차림. 극성스러운 오피스 성매매……. 더 말해 무엇하리! 최근에 전 세계적으로 알려진, '인생은 짧으니까. 불륜을 맺어라!' 모토를 내세운 '애슐리 매디슨' 사이트 가입자 3천7백만 명이란다, 적잖은 가입비를 지불하고 가입한 우리나라 가입자 19만 명, 가입 시, 사이트에 자신의 성적性的 취향까지 세세하게 올린다니 세상이 어디까지 가려는지ㅡ 서울 고급호텔이며 이름난 고급음식점 점심자리를 가득 메운 여성들이 걸친 명품들과 보석치장에다 안하무인으로 떠들어대는 그들에게서는 어머니의 그윽함도 아내의 향기도 없어 보였다. 아내…… 아내…… 그 그윽한 향기…….

어려서 보던 밤하늘에는 별과 달 말고도 은하수와 북두칠성 모두가 전설이었다. 초승달의 애련함과 그믐달의 괴괴한 슬픔이 품속에 있었다. 이제는 대도시뿐 아니라 후미진 시골 논길에도 가로등이 밝혀져 밤하늘의 별들이 빛을 숨긴 지 오래다.

초복이 지나 칠석이 가까워지면 북두칠성이 머리맡에서 빛났고, 은하수도 손에 잡힐 듯했다. 그러면 쑥불을 지펴놓고 멍석에 누워서 견우성과 직녀성을 더듬어 찾았다. 사랑하는 부부가 단 하루, 오작교에서 만난다는 칠석七夕. 그리고 이별…… 그리고 눈물. 칠석날은 만나는 기쁨보다 슬픔에 젖는 날이었다.

하지만 30대 중반에 만난 책 한 권, ≪부생육기浮生六記≫에서 나는 새로운 칠석을 발견했다. 청淸나라 건륭乾隆, 가경嘉慶 연간에 살았던 말단관직 관리였던 심복沈復이 아내 운芸(향초 이름 운)과 함께 보낸 칠석날의 저녁이 거기 있었다. 지상에서 가장 아름다운 아내로 일컬어 과장이 아닌, 한 아내의 아름다운 모습이 거기에 있었다. ≪부생육기≫는 먼저 떠난 아내를 기리는 남편의 지극한 사랑의 기록이다. 꾸밈도 과장도 없는, 그러나 남편을 지극하고 멋스럽게 사랑했던 아내와의 사별死別이 낳은 더할 수 없이 절절한 기록이다. 임어당林語堂은 운芸이를 '중국문학을 통틀어 가장 사랑스러운 여인'이라고 그의 수필집 ≪생활의 발견≫에서 소개했다. 부생浮生. 덧없는 인생살이. 사랑도 인연因緣도, 그 인연의 아름다움도 한낮을 살다가 떠나는 풀꽃 같은 덧없음. 저자인 심복은 아내와 23년을 함께하다가 마흔한 살에 세상을 떠난 아내를 그리면서 이 글을 남겼다. "여름에 연꽃이 처음 필 때에는 저녁이면 꽃들이 오므라들고 아침이면 피어난다. 운이는 작은 비단 주머니에 엽차를 조금 싸서 꽃이 오므라드는 저녁에 화심花心에 얹어 두었다가, 다음 날 아침 꽃잎이 열릴 때에 그것을 꺼내어 맑은 샘물을 길어다가 차를 끓였다. 그 차의 향기는 유난히 향기로웠다.ㅡ'운이는 그해 칠석에 아취헌我取軒(부부가 살던 집)에다 향초, 과일, 오이를 한 상 차려 놓고 나를 이끌어 직녀織女에게 배례拜禮를 올렸다. 나는ㅡ영원세세토록 부부 되어지이다ㅡ.(願生生爲夫婦)라고 새긴 도장 두 개를 만들었다. 나는 양각陽刻을 가졌고, 운에게는 음각陰刻을 주었다. 그리고 서로 왕래하는 서신書信에 찍기로 정했다. 이날은 초생달빛이 고왔다. 물을 내려다 보니 물결은 흰 깁과 같았다. 우리는 얇은 비단옷을 입고 조그마한 부채를 들고서 물가를 향한 창 앞에 나란히 앉아 하늘을 가로질러 가는 변화 많은 구름장을 바라보았다." ≪부생육기≫에 남긴 심복의 기록, 칠석 저녁의 추억이었다.

한 지아비를 섬기지 못하고 삼십대 중반을 홀로 지내던 나는, 후미진 절간 요사채에 누워 그 책을 읽으며 눈물을 흘렸다. 내가 오매에도 못 잊었던 것은 사내가 아니고 지아비였다. 지극함으로 섬기고 그 지극함을 알아 줄 지아비였다. 그러한 아내가 ≪부생육기≫ 속에 있었고 그러한 남편이 거기 있었다. 하지만 나는 덜떨어진 여자로 그 갈망渴望만을 키웠기에, 갈망으로 눈멀어 지아비가 보이지 않았고 아내로서의 자기실현이 불가능했다. 남녀의 관계는 꿈만 가지고는 맺어지지 않는다. 갈망만으로는 어림도 없다. 자아自我라는 집착에서 벗어나 홀연 자유를 얻어, 자신에게도 묶이지 않을 때 상대를 섬길 수 있는 능력을 얻는 것이다.

운이는 남편의 사랑을 갈망하지 않았다. 남편의 사랑을 기다리지 않았다. 바라지도 않았다. 주어진 아내의 삶, 아내가 남편을 위하여 할 수 있는 삶을 스스로 가득 차게 살았을 뿐이다. 하늘과 땅과 그 사이에 있는 모든 것을 아름답게 여겨 감사하는 마음으로 누려가며 즐거움을 만들었다. 아내의 역할役割이라 여기지 않고 삶을 가득 차게 사는 것으로 자기실현自己實現이 이루어졌다. 그네는 하늘과 땅 사이 자연의 품속에서 보석처럼 빛나던 여성이었다. 지상地上의 자연은 어느 곳에서나 운芸을 반겼고, 운이는 자연이 지닌 아름다움을 마음껏 추출해 내어 남편과 누렸다. 그는 남편 심복의 영혼 속에 살아 숨 쉬며 구원久遠의 아내로 지금도 살고 있다. 단 한 번의 삶에서, 즐거움과 품위를 자연스럽게, 한없이 추출해내던 운랑芸娘의 창의력은 자신을 소중하게 여긴 자기애自己愛이기도 했다.

≪부생육기≫는 중국문학의 고전古典이 아니라 두고 두고 내 삶을 비추어 보는 거울이었지만, 불시에 남편을 떠나보내고 홀로 남은 나에게 남은 것은, 나날이 영절스럽게 솟아나는 불찰과 부끄러움뿐, 나는 아내 노릇에 실패한 영원한 실패자로 남았다.

까투리는 왜 통유리에 몸을 던져 목숨을 버렸을까. 아내로 실패한 회한을 못 이겼을까, ≪부생육기≫를 읽은 뒤에 심복과 같은 남편을 찾아가려 했을까.

# 아아! 우리네 메주뎅이

집집마다 타작마당이 있던 옛날, 타작이 시작될 무렵이면 고염나무 열매가 노릇노릇 물들기 시작했다. 알알이 송이로 익어가, 고염은 먹기보다 그 빛깔이 입에 군침 돌게 만들던 열매였다. 하늘을 향해 발돋움하고 익어가던 주황빛 선연한 열매가 푸른 하늘을 바탕으로 눈부셨다. 시리도록 높아져 가는 늦가을 하늘은, 잎 떨군 고염나무 가지 끝에 걸려 옥색 빛을 뚝뚝 흘릴 것만 같은데……. 그 하늘이 마음을 그저 정처 없게 만들었다.

그 시절, 해마다 고염이 농익을 무렵이면 우물이 있는 뒤꼍에 무쇠 솥을 걸고 메주 쑬 채비를 했다. 지금은 김치도 메주도 전문가에게 맡겨 돈 주고 사서 장도 담그고 김치도 먹는 편리한 세상이 되었지만, 십오륙 년 전만 해도 메주를 쑤는 일은 주부들의 대단한 가을걷이 중 한 가지였다. 장독대 옆에 아궁이를 만들고 솥을 건 뒤에, 우물물을 길어 솥을 정하게 씻고 맑은 물을 길어 한 솥 가득 붓는다. 어제 씻어 담가 두었던 댓 말쯤 되는 메주콩을 덜어 솥을 채운 뒤에 불을 지피면, 정처 없던 마음이 그제서야 아궁이 앞에 다소곳해진다. 등 뒤에서는 나뭇가지 끝에서 옥색 물을 뚝뚝 흘리는 하늘이 어딘가로 가자고 잡아끄는데, 아궁이의 세찬 불길은 쩍쩍 터져 소리쳐가며 발목을 잡는다.

소나무 장작을 넣어 불길이 치솟으면 솥 물이 넘지 않도록 지켜야 하고, 불길을 적당히 잡아 주지 않으면 솥에서 콩이 타 붙는다. 정신 팔지 않고 불길을 다스리다 보면, 솥뚜껑 가장자리로 솥이 눈물을 흘리면서 한소끔 기세 좋게 끓는다. 그때쯤 해서, 잘 씻은 큼직한 고구마를 몇 개 콩물 속에 넣는다. 소리쳐 타오르던 불길도 어지간히 잦아들 때쯤 해서 칼집 낸 밤을 아궁이 가까이에 밀어 넣으면, 점심 어간에 메주 쑤는 냄새를 맡고 찾아오는 이웃에게 대접할 좋은 간식이 된다. 콩 솥에서 익은 고구마는 별미였다. 농익은 고염 몇 알 훑어서 고구마를 곁들여 먹으면 꿀을 찍어 먹는 것에 비할까.

그렇게 메주 쑤는 날이면 고구마 잔치, 군밤 잔치가 열려, 일삼아 알리지 않아도 아낙들이 제 발로 몰려들었고, 품앗이 삼아 메주를 밟아주었다. 메주콩이 익으면 솥에서 퍼내어, 채반이나 자배기에서 어지간히 식혀, 식은 콩을 광목이나 무명 자루에 퍼넣고 단단히 잡아맨 뒤에 두 사람 혹은 세 사람이 일삼아 메주 자루를 밟아주는 일이 정겨웠다. 더러는 얼마간을 절구에다 찧어서 메주덩이를 만들기도 했지만, 아낙들의 메주콩 밟기는 아낙들끼리의 가을 놀이 중 하나였다.

아낙들은 메주콩을 밟으면서 더러는 시뉘를 생각해가며 밟는 발에 힘을 주었고, 더러는 시앗을 어금니에 물고 짓밟기도 했지만, 그저 무엇인가를 밟는 일이 흥겨워서 시시덕거리기도 하고 저네들끼리 아는 이야기를 흘리면서 킥킥거리기가 예사였다. "아이고, 메주 밟는 일도 예사가 아니구먼. 울어무니 땅에 묻을 때 달구꾼들이 달구질할 때 이렇게 밟았던가. 나도 죽어 저승 가면 나를 땅에 묻고 이렇게 밟아 달구질을 하고서야 봉분을 높이 올리겠지……." 누구인가 청승맞은 타령을 할라치면 더러는 질색을 했다. "아니 사람 먹을 메주를 밟으면서 웬 무덤 타령인구? 무슨 심사로 남의 장 맛 망칠려구 부정을 안고 왔어? 그 심사 한번 고약하네!" "메주콩두 흙에서 나고 사람두 저승 가면 흙이 되는데 메주 밟으면서 달구질 얘기 좀 했기루 뭐 그리 길길이 뛴대여? 저는 영생불사永生不死할 건감?" 그렇게 주거니 받거니 수다를 떨다가 메주콩이 얼마나 으깨어졌는지 들춰 본다고 자루 아구리를 열고는 한두 덩이 뚝 떼어내 메주 떡이라고 떠들면서 몇 입씩 개평을 먹기도 했다. 그렇게 알맞게 으깨어졌다 싶으면 자루를 풀어내고 메주덩이를 만들었다. 찧어진 메주를 덩어리로 만들면서도 아낙들의 수다는 여전히 걸쌈했다. "어이구! 이걸 메주뎅이라고 만들었어? 아무리 메주뎅이라지만 그래도 웬만큼은 모양새를 냈어야지!" "오죽허면 메주뎅이일꾸? 메주는 메준데 아무려면 어때? 잘만 띄워 장맛만 있으면 그만이지! 이렇게 짓밟히고서도 두고두고 썩는 게 메주 신센데 그까짓 모양새꺼정 볼 것 있는감? 시골구석에서 태어나 평생 땅이나 파먹으면서 시집 식구에게나 서방에게나 자식들에게 혼쫄나며 살던 우리네 신세는 무어 메주보다 낫겠다고?" "얼씨구 메주 밟다가 개똥철학자 나오겠구먼?"

요즘은 논에서도 짚을 구경하기 쉽지 않다. 봄이면 이앙기로 모를 내고 가을걷이 벼를 거둘 때는 콤바인으로 짚까지 가루를 내어가며 거두기 때문에 짚을 만나기가 쉽지 않다. 하지만 우리네 조상들은 메주를 짚으로 엮어 띄워야만 한다는 것을 알았다. 우리 조상들에게는 짚을 속속들이 알아보는 지혜가 있었다. 볏짚에는 바실러스균이라는 유익균이 있어 메주가 뜨는 동안 메주는 단순한 콩의 영양뿐 아니라 인체에 필요한 갖가지 영양을 갖추게 된다는 놀라운 지혜였다. 그렇게 덩어리진 메주를 짚에 묶어 처마 끝에 매어달고 한 보름 잘 말린 뒤에는 방으로 데리고 들어간다. 음력 시월 초에 쑨 메주를 석 달쯤 잘 띄운 뒤에, 정월 맑은 날 잡아서 장을 담으면 그것이 한 해 부엌살림이요 식구들의 밥상이다.

공장 메주가 따라갈 수 없는 지혜의 덩어리, 영양의 덩어리가 우리네 메주였건만, 된장이고 고추장이고 손쉽게 구할 수 있는 공장 장醬을 가볍고 쉽게 먹게 되는 편리인便利人들이 병을 얻어, 그 병을 껴안고 늙어가는 것을 이상하게 여길 일이 아니다.

밟히고 다시 밟힌 메주를 방바닥에 짚을 깔고 앉히면 메주는 겨우내 참을성 있게 뜨고, 또 뜨는 냄새가 우리네 겨우살이 냄새였다. 참으로 메주야말로 변괴가 없는 존재였다. 밟히고 뜨고 소금물에 담겨 한 철을 나면서 장맛을 내어주고는 다시 된장이 되어 음식이 되어주는 메주덩이를 닮은 진국이 또 있을까……. 그런데 불과 몇 년 전까지도 이어져 오던 메주 쑤는 날의 마을 인심이 이제는 간 곳 없어졌다. 등 뒤로는 허허로운 하늘이요, 아궁이의 불은 혼자서 시나브로 불길을 올릴 뿐이다. 여러 해 전, 새까만 눈을 반짝이며 "할머니 메주 솥의 고구마가 언제 익어요?" 하며 메주 솥 안의 고구마를 보채던 손주도 목사 아비의 사역지로 이사를 떠난 뒤 학교엘 다니느라고 얼굴 보기가 어려워졌다. 그래도 언니는 고구마를 한 바구니 씻어서 콩 솥에 밀어 넣고 갔다. "이걸 누가 다 먹겠다고 이렇게 많이 집어넣어?" 혼잣소리로 군시렁거리자 밭으로 가던 형은 귀도 밝아 휭하니 돌아서서 대꾸다. "누가 먹어도 먹지. 해마다 하던 짓을 그만두겠어? 산다는 게 쓸쓸해서 하던 짓까지 그만둘 수가 없네." 그런다고 덜 쓸쓸해? 말대답이 튀어 나오려는 것을 억지로 욱여 넣으며 쓸쓸해지려는 마음을 아궁이 불과 함께 긁어 넣었다.

우리 집 장독대에는 아직도 수십 개의 항아리가 안존하게 줄지어 앉아있다. 대독에서부터 장아찌 항아리까지, 제각기 제 크기로 자리를 잡고 있다. 어머니가 돌아가신 뒤에는 장독대 앞에서 지켜야 할 금기禁忌가 느슨해졌지만, 아직도 언니는 틈틈이 장독 닦는 일을 어머니처럼 열심히 하고 있다. 옛날에는 장이 뒤집히면(장맛이 변하거나 곰팡이 슬거나 하는 일을 그렇게 불렀다.) 집안에 흉사가 생긴다고 벌벌 떨었다. 그래서 장을 담그는 날에는 주부가 목욕재계를 하고 고사까지 지내기도 했다. 간물(소금 푼 물)을 부을 때에는 입에다 창호지를 물어 입을 봉했다. 쓸데없는 말도 부정하게 여겼고, 혹여 침이 튀는 것을 방지하기도 할 겸, 여자의 입을 봉하는 것으로 음기陰氣를 막겠다는 비책秘策이었다. 장을 담는 날, 집안에 몸[經度]하는 여자가 있으면 방에서 나오지 못하게 하고 하루 종일 금식禁食을 시키기까지 했다. 장을 담근 후, 삼칠일 동안은 주부의 초상집 문상도 금했고 해산한 집에도 발길을 하지 못하게 했다. 낯선 사람이 장독대 근처에 얼씬거리지 못하게 했고, 마치 해산한 집처럼 솔가지와 고추를 꿰어 금줄을 쳐 놓고 장독대를 지켰다. 붉은 고추, 대추, 통깨를 얹은 장독을 열어 아침 해를 쏘이기도 하고, 때 맞추어 장독 뚜껑을 열어 이슬을 받기도 했다.

달 밝은 밤, 장독대 앞에 정한수를 떠 놓고 비손으로 치성을 드리던 어머니의 소복 뒷모습은 그대로가 눈물 한줄기였다. 기원하는 내용이 무엇이었는지 알 수 없었지만 그 뒷모습과 합장한 손끝은 간절함을 승화시킨 영원의 정점頂點처럼 보였다. 장독대는 주부의 자산資産이고 권위였다. 항아리가 늘어나는 것은 살림 번창이었고 안주인의 든든한 세도勢道였다. 항아리들의 앉음새와 정결함, 그리고 고추장 · 된장 · 간장으로 가득 찬 항아리는 안주인의 가득 찬 속내로 이어졌다. 장독대의 항아리는 안주인의 안정감의 척도였다.

하지만 이제는 시골 살림에서도 항아리가 점점 줄어들고 있다. 김치는 김치냉장고에, 간장 · 된장은 공장 간장, 공장 고추장을 쓰는 집이 늘고 있기 때문이다. 장독대 없는 요즘의 아낙들은 집안에 안존安存하게 붙어있지 않는다. 여성들은 여권女權을 찾은 세월 덕인지 드세져가고 살림은 대강 가공加工으로 때워, 주어진 시간이 넉넉함에도 늘 바쁘다. 세상이 편리해졌으니 편리를 누리는 것을 억지로 막을 일도 아니겠지만, 창조섭리의 남녀 구별이 주는 비밀한 수줍음마저 없어져 삭막한 세상이 되어간다.

눈부시도록 흰 행주로 장독을 닦고, 간장 · 된장 · 고추장을 담가 장독을 채우고, 아침저녁으로 장독을 둘러보던 주부들의 그 알뜰하던 시간을 이제는 무엇이 대신하고 있는지. 늘 대단한 일을 해내고 있는 듯 안주인들이 모두가 바쁘고 바쁘지만 장독을 건사하던 살림만큼 실한 것을 찾을 길 없는, 바쁘기만 할 뿐, 삶이 실종된 길을 헛되이 달리고 있는 것은 아닌지. 질항아리와 옛날 장맛을 등진 우리들의 살림살이가 도무지 바쁘기만 할 뿐 오순도순이 없어진 것은 아닌지. 요즘의 부엌살림이 산뜻하고 경쾌하기는 하지만 어쩐지 건조하다. 아침이고 저녁이고 된장이나 고추장찌개를 끓이지 않고도 얼마든지 잘들 지내고 있는 삶이 어쩐지 꾸며진 드라마의 화면畵面 같은…….

조선된장이 최고의 항암제라고 아무리 목이 터지게 외쳐도 반응은 그저 그렇고 그럴 뿐. 일본의 어느 부유한 유료 양로원에서는 벌써 수십 년 전부터 우리 된장을 구입해 쓰고 있다. 조선 땅을 짓밟던 그들이 '조센징'의 된장 냄새와 마늘 냄새를 그렇게 모욕적으로 능멸하던 때가 언제였는지, 하지만 약삭빠른 그들은 지난날의 거드름 같은 것에 매이지 않는다. 세계 최고의 항암제가 되는 조선된장을 누구보다 재빨리 알아차려 달려들었고, '김치'라는 발음이 되지 않아 '기무치'로 발음하는 불편을 딛고 김치공장을 곳곳에 세워 세계 시장으로 내다 팔고 있다. 전통은 자존심이다. 구태舊態에 묶이자는 뜻이 아니라 역사 속에서 발효해가는 우리들 삶의 향기를 살리자는 뜻이다.

# 시간의 쪽배를 타고

부산에서 만난 그는 열쇠 하나를 쥐어 주며 조심스럽게 말했다.

"산방山房을 하나 장만하고 그곳에서 작업을 하고 있습니다. 남도 쪽으로 오실 일이 생기면 산방에서 주무세요. 작업을 하지 않을 때는 늘 집이 비어 있거든요." 40여 년 전, 이화대학 신입생 때 교양과목을 청강했던 졸업생이었다. 사십여 년 어간에 그의 인생도 나의 인생살이도 파란만장, 그가 타고 떠났던 시간의 쪽배와 내가 타고 흘러왔던 시간의 쪽배가 만난 자리였다. 그는 화가畵家를 꿈꾸었지만 엄격한 아버지의 뜻을 거역하지 못하고 이과理科를 이수하고, 의사와 결혼 후 삼남매를 키우다가 드디어 판화版畵로 이름을 얻은 중년의 화가였다. 마음 놓고 작업을 할 수 있는 공간이 필요하여 장만했다는 곳은 대가람大伽藍 통도사가 내려다보이는 15층 아파트 꼭대기 층 펜트하우스였다.

열쇠를 받았다고 냉큼 받아쓰지 못하는 내 성질을 잘 알던 그가 길을 터주기 위해 첫 번 안내를 맡은 것이 어느 늦가을이었다. 아파트를 산방山房이라 했나……. 그를 따라 경남慶南 양산을 거쳐 그의 산방이라는 곳으로 들어섰을 때, 갑자기 내 영혼이 꺼울꺼울 공중으로 날아올랐다. 창문 아래가 수해樹海였다. 짙푸르고 울울한 소나무 숲, 영산靈山이라 일컬어지는 아득한 능선이 신비한 병풍이었다.

해 질 녘 우리는 몇 백 년 수령樹齡을 딛고 늘어서 있는 통도사 소나무 숲 샛길로 들어섰다. 사찰寺刹로 들어가는 찻길이 따로 있어 보행자들이 걸어가는 길은 휘휘하도록 그늘이 깊고 조용했다. 관광객들도 떠나고 불공佛供꾼들도 돌아간 절간 길은 그야말로 절간답게 고즈넉했다. 소나무 사이에 간간이 서 있는 떡갈나무며 참나무에서 흘러내리는 낙엽이 가을숨결로 전신에 스며들고 깊은 숲이 영혼을 헹궈냈다.

기와지붕을 얹고 단청을 한, 보행자들을 위한 휴게소가 드문드문 있었지만 이미 사람의 그림자는 스러지고 난 뒤였다. 두엇 휴게소를 지나 얼마만큼 갔을 때 비슷한 팔각정이 다시 나타났다. 어둑어둑한 그늘에서 불빛이 흘러나왔다. "안녕하세요, 미타림 선생니임!" 내 동행자는 나직한 목소리로 합장하며 누구인가를 불렀다. 아무런 예비지식 없이 따라간 자리여서 혹시 고승高僧이 수도하시는 곳인가, 그런데 선생님이라니……. 좀 그렇군. 한 걸음 뒷전에서 그저 그런 양했다. 그런데 합장으로 마주 나오는 사람은 의외로 퍽 젊은 사람이었다. 먹물 든 옷은 아니었지만 그와 흡사한 옷을 입은 그의 얼굴은 어둑스레한 속에서도 윤곽이 또렷해 보일 만큼 단정했다. 더구나 굽혔던 허리를 들고 얼굴을 정면으로 들었을 때, 내 가슴이 예리한 무엇에 찔린 듯 통증이 지나갔다. 맑디맑은 그의 눈빛 때문이었다. 강렬함이 아닌 한없는 고요함이었다. 잿빛 어둠 속에서 낯선 사람을 소개받은 그는 다시 합장으로 예를 표하고 우리가 앉을 자리를 마련하려는 듯 몸을 돌이켰다.

앉을 곳은 지붕 속이 아닌 솔 그늘 아래 한데였다. 원목을 척척 쳐서 다듬은 통나무 의자, 탁자도 그렇게 만든 원목 탁자였고 울타리 삼아 둘려진 나무판자에는 그곳을 들러 간 사람들이 남겨 놓은 글귀들이 숨을 쉬고 있었다. "그대 바람을 보았는가, 마음을 보았는가. 그대 빈 가슴에 새소리 물소리 가득 담으면 풍요로우리 그대 - 심전心田' '묵 한 접시 막걸리 한 사발로 곤고한 우리 삶이 넉넉하리. 사랑과 우정이 식지만 않는다면……." 글쓴이의 마음과 목소리가 들리는 듯, 바라보고 있노라니 동행자의 나직한 목소리가 다가왔다. "이곳 군고구마 맛이 희한해요, 선생님!" 그의 목소리가 솔바람에 흔들렸다. 고구마를 굽는 화덕은, 10kg짜리 못 쓰게 된 프로판 가스통 두 개를 엇맞추어 만든 화덕이었다. 고구마 화덕 옆으로 심정처心定處라 이름 붙인 움막이 있어 추위가 닥치면 들어가 앉을 만했다. 그 주변에는 무엇 한 가지 값진 것이나 새것이 없었다. 버려진 것을 주워다 쓸모를 만들어 제구실을 하는 것들뿐이었다. 버려진 가스통 두 개 중에 하나는 아궁이를 만들고 다른 하나에 연통을 연결하여 고구마를 굽도록 만든 화덕은 산중山中 특허품이었다. 화덕에서 장작에 불붙는 소리가 따뜻했다. 아궁이를 들여다보는 주인의 얼굴이 불빛 속에서 아름답게 빛났다.

군고구마를 기다리는 동안 더 저물기 전에 늦가을 숲을 향해 천천히 걷기 시작했다. 물소리에 이끌려 개울가로 가니 발이 빠지는 낙엽더미. 밟히는 낙엽이 전신으로 들며 내 한몸도 한 잎 낙엽이 되고……. 어디에 고여 있던 눈물인가, 여울에 어우러져 눈물이 흘러내렸다. 그냥 흘러내렸다. 신산辛酸의 씨줄과 기쁨의 날줄로 엮인 인연因緣의 아름다움이, 합장合掌하던 가슴에서 넘친 눈물이었을까. 아니면 세상살이 더께가 앉았던 속진俗塵이 씻기던, 그렇게 영혼이 헹구어지던 눈물이었을까.

솔잎이 바람 누비는 소리를 송뢰松籟라 했던가. 어둠이 짙어지면서 솔바람 소리가 땅으로 내려앉았다. 낙엽더미에 묻혀 흐르던 눈물은 개울을 따라 흘러가고, 어둠은 전신을 녹여 한 잎 낙엽이 되어 눈을 감으라 했다. 아름다움에는 왜 슬픔이 깃들어 있는지. 진실에는 왜 말 대신에 눈물이 앞서는지. 실로 오래간만에 맑은 샘이 되어 솟은 눈물이었다. 일행만 아니었다면 그 자리에서 그렇게 서서 밤을 새울 수도 있을 것만 같았다.

고구마 익는 구수한 향기가 촛불과 함께 따뜻했다. 그래도 늦가을 밤바람이 차가워 고구마 가마 옆 한쪽 볼은 따뜻하고 반대편 뺨은 얼어들었다. 주인은 밤바람이 차니 움막으로 들자 했지만 그 산속 늦가을 밤을 두고 안으로 들어가기가 아까웠다. "사 년 만에 뜬 솔차입니다." 주인이 송진나무 술병에 솔차를 가득 담아 내어왔다. 어린 솔잎을 설탕에 재어 땅속에 묻어 두었던 솔차. 입에 물고 있으니 은은한 솔향기가 전신으로 퍼졌다. 흔들리는 촛불 속에서 어룽어룽 얼비치는 얼굴들은 신선이었다. 술잔도 송진으로 만든 술잔. 입술에 댈 때마다 입술이 송진이 되었다. 화덕에서 꺼낸 고구마 맛이 진기했다. 솔바람 소리, 솔 차의 향기, 흔들리는 촛불, 화덕에서 장작불 타오르는 소리……. 누구도 말을 빌리지 않았지만, 그가 내 안에, 내가 그 안에서 한없이 안존安存했다.

돌아오던 길은 캄캄한 그믐밤. "저도 아직 그분 성함을 모릅니다. 미타림彌陀林은 그가 팔각정에 붙인 옥호屋號예요. 승가僧伽에 몸담고 있던 분인데 지금의 아내를 만나 산에서 내려왔다네요. 부부가 팔각정 미타림에서 관광객에게 음식을 팔아 아들 형제를 키우고 있는데, 세월이 아무리 흘러도 음식값 계산이 서투른 부부지요. 때마다 손님에게 무얼 드셨는가 묻곤 하는……. 세상에서는 환속還俗이라 하니, 그 내외는 삼생三生을 살고 있는데, 승가僧伽의 울타리가 산중山中과 시정市井을 가르듯 그렇게 갈라지는 것일까요. 손님이 뜸할 때, 그이는 팔각정 뒷방에서 괴목 뿌리를 다듬지요." 이튿날 손님이 뜸한 시간에 그의 작업실에 들렀을 때 그는 죽은 나무뿌리에다 생명을 불어넣고 있었다. 돈을 따라 만드는 물건이 아니었다. 그의 눈빛은 한없이 고요했지만, 아득한 구도求道의 길에 대한 허기짐이 감추어지지 않은 것을 보았다.

그의 아내는 목련꽃이었다. 미타림에서 음식을 마련할 때도 그림자처럼 소리가 없었다. 하지만 이야기가 있었고, 움직임에도 명상瞑想이 향기가 되어 가득 차는 숲이었다. 쫓아오는 일도 없고 쫓길 일도 없으며 좇아 갈 일은 더욱 없는, 매이거나 묶일 일 없는 영혼이 향기 되어 흐르는 숲이었다.

그 산방 첫걸음에서 나는 귀가歸家할 일을 잊었다. 집주인은 가족이 있는 본가本家로 돌아갔지만 염치 좋게 눌러앉아 매일 통도사 숲으로 갔다. 된장찌개 한 가지로 밥을 먹기도 하고 군고구마로 배를 채우기도 했다. 솔차를 마시고 모과주를 마시며 그저 무덤덤하게 몇 시간이고 말없이 앉아 있었다. 미타림 내외에게 단 한마디를 건네지 않고 그들이 한마디를 건네오지 않아도 갑갑할 일이 없었다. 그 깊은 늦가을 숲에는 시간이라는 것이 없었다. 가지도 않고 흐르지도 않으며 멈추지도 않는 영원이었다. 제도권이 요구하는 먹물 옷을 입지 않았어도 은자隱者가 되어 영혼을 맡긴 숲이었다. 아니 숲이 말없는 가르침을 주는 영원한 은자였다. 그해 늦가을, 그렇게 그 숲이 내 영혼을 헹구어 주었다.

# 바람의 문신文身 사막으로

인간은 필연必然이 우연처럼 온다는 것을 자주 잊어버리기 때문에 스스로를 불행에 빠뜨리는 경우가 허다하다. 생사가 걸린 결정적인 사태가 아니더라도, 갑자기 들이닥친 불이익, 당연한 권리가 침해당하는 억울함은 뜻밖의 경우에 도처에서 발생하지만 인생사 그것이 마감은 아니라는 것을 자주 잊는다.

여러 해 전, LA에서 플로리다로 가는 여객기 출발시간을 착각하고 헐레벌떡 공항에 도착하여, 출발 직전 아슬아슬하게 여객기에 올랐을 때의 일이다. 통로 쪽 좌석표 C를 들고 자리를 찾다보니 좌석이 중복되어 앉을 자리가 없어졌다. B 와 C 에는 남미계 중년 남녀가 앉아 있었고, 남자 좌석표 C, 여자의 자리가 A였는데, 둘이 나란히 앉아야겠다고 우기고 있으니, 노스웨스트 백인 여승무원은 눈을 똑바로 뜨고 나에게 그 남녀의 자리를 가로질러 창가 A석에 앉으라 이르고는 뒤도 안 돌아 보고 가버렸다. 불쾌하고 괘씸했지만 늦게 탄 죄로 잔뜩 부르터서 남녀를 가로질러 창가에 앉았다. 심사가 뒤틀려 옆의 여자를 곁눈질하니, 힘줄이 튀어나오고 검버섯이 핀 여자의 손은 타조의 발처럼 컸다. 앵무새 부리만큼 기른 손톱에는 진보랏빛 매니큐어를 쳐발랐고 팔찌와 반지가 어지러울 정도의 여자 손은, 그 큰 타조 발 같은 손으로 보석 잡지를 열심히 뒤적이고 있었다.

여객기 창문 셔터를 올려도 좋다는 방송을 듣고 셔터를 올리던 순간, 내 전신이 탄성이 되어 비명 같은 소리를 칠 뻔했다. 장미꽃이 된 네바다 사막이 시야를 가득 채웠다. 눈부신 아침 해 아래 네바다가 장미꽃이 되어 활짝 피어 있었다. 끝 간 데 없는 사막이 꽃빛으로 피어나다니! 아아! 이것이었던가! 좌석표의 말썽은 아침의 네바다 사막을 만나기 위한 서주序奏였던가. 가슴 설레는 황홀함으로 다가온 활짝 핀 사막! 사막 위에 바람의 길이 있었다. 사막의 바람은 물무늬를 이루며 사막 위에 바람의 문신文身을 새겼다. 사막에는 수인사人事가 없다. 언어가 없는 곳. 영혼과 영혼이 때없이 만나는 어우러짐이 이루어질 뿐이다. 아침의 장밋빛 네바다는 유타 주州로 넘어가면서 거뭇거뭇한 바위산의 사막으로 이어졌다. 속도에 얹혀 시간이 흐르면서 분홍 장밋빛 아침 햇살이 기울고 유타의 사막은 구름과 노닐기 시작했다.

누가 사막을 일러 생명 없는 땅이라 했는가. 누가 사막을 두렵다 하는가. 풀 한 포기 보이지 않는 침묵의 구릉丘陵은 신비다. '사하라'라는 이름은 '아무것도 없다'는 아라비아 단어單語 '사흐라(Sahra)'에서 유래된 이름이라지만, 과연 사막은 죽음의 땅일까. 생텍쥐페리가 실종된 사하라. 아프리카 대륙의 4분의 1의 넓이를 차지한 사하라를 처음 만난 것은 46년 전 초가을이었다. 에티오피아의 수도首都 아디스아바바 행行 여객기를 타기 위하여 그리스의 아테네 공항에서 새벽 2시 출항의 여객기를 기다렸다. 세계적인 선박 왕 오나시스의 이름이 붙여진 공항은 아이보리 색깔의 대리석으로 치장된 호화로운 새 건물이었다. 기다리고 있는 승객이라야 단 세 사람, 황인종인 나와 중년의 백인 미국대학교수, 그리고 젊은 흑인 청년이었다. 텅 빈 공항에서 삼색三色의 인종은 초콜릿을 나누어 먹어가며 지루함을 달래다가 여객기에 올랐다. 레오파트 무늬의 승무원 제복을 입은 에티오피아 에어라인 승무원은 이색적이었다. 여객기는 텅텅 빈 채 이륙했다.

4개월째 이어진 취재 여행에 지친 나는 팔걸이를 젖히고 길게 누워 눈을 감았다. 얼마나 지나서였을까, 잠결에 언듯 들린 탄성! 미국인 교수가 소리쳐댔다. "Unexpected! unexpected!" 경이의 탄성이었다. 창문에 매달린 그의 탄성은 차라리 신음이었다. 나도 부스스 일어나 창문의 셔터를 올렸다. 사하라의 상공은 새벽. 갓 밝기 새벽빛에 전신을 드러낸 사하라는 숨 막히는 외경畏敬이었다.

시퍼런 용龍의 발톱처럼 사막 한가운데를 할퀸 듯한 강줄기는 나일 강江이라 했다. 나일 강은 이집트의 곡창지대를 거쳐 죽은 땅과도 같은 사하라의 생명 줄로 살아 있었다. 허공에 떠 있는 여객기 안에서 사하라를 내려다보고 있던 나는 다시는 지상으로 내려갈 수 없는 존재처럼 아득해졌다. 이래로 사막은 신비한 수수께끼로 내 내면에서 살아 꿈틀거렸다. 다시 8년 뒤, 아라비아 사막에서 몇 주週를 지내며, 랜드로바로 몇 시간씩 사막을 달릴 기회가 있었을 때, 사막에는 실감實感이라는 것이 존재하지 않는다는 기묘한 느낌에서 헤어나지 못했다. 섭씨 45도가 넘는 태양열도, 능선을 이리 옮기고 저리 옮기는 모래바람도 실감이 아니라 그저 꿈결이었다. 청남빛 밤하늘의 그토록 총총한 별조차도 현실감으로 남지 않는 신비였다.

극단적인 육체의 목마름인가 하면 영원한 안식安息의 손짓으로 부르는 거역할 수 없는 사막. 죽음과도 같은 육체적 목마름과 영혼의 휴식이 함께하는 지역地域. 그곳에는 시간이라는 것이 없었다. 속도라는 것도 없었다. 경쟁도 권력도 싸움도 존재하지 않았다. 졸부猝富도 나타나지 않았고, 마구 긁게 되는 카드도 파산도 없었다.

속도速度를 신神처럼 믿고 숨이 턱에 차도록 달리고 달리는 현대인들은 한없이 편리한 문명을 누리기에 육체적 목마름을 모른다.

수십, 수백 가지의 청량음료며 수백 길 지하에서 끌어올린 광천수를 얼마든지 마시며 살아간다. 너무 마시고 너무 먹다가 비만肥滿이라는 심각한 병을 앓게 된 현대인들의 영혼이야 말로 이제 그 목마름을 무엇으로 축여야 할는지 찾을 길이 없어졌고, 갈증의 자각증세마저 마비된 상태에 빠졌다. 꿈의 성취, 그 깃발이 나부끼던 지구상의 낙원이었던 미국의 오늘. 세 명 중 하나가 비만, 대략 추산 3800만 명이 비만인데다 그중 17%가 어린이 비만. 하루에 비만 관련 사망자 11만 3천이라는 보고서가 나왔다. 미국은 비만과의 전쟁을 선포했으나 전망은 캄캄이다.

"그때에 예수께서 성령에게 이끌리어 마귀에게 시험을 받으러 광야曠野로 가사 40일을 밤낮으로 금식하신 후에 주리신지라……." "성령이 곧 예수를 광야로 몰아내신지라……." 광야. 광야. 그저 막연했다. 광야란 사막의 또 다른 이름이겠거니- 성령께서 왜 예수를 사막으로 이끌어 갔을까. 마귀의 시험을 극명하게 치를 수 있는 최적의 조건을 갖춘 땅이 사막이었을까. 유대 광야를 마음속에 품은 지 몇 십 년 만에 예루살렘을 찾아갔다. 예루살렘 시가지市街地를 등지고, 여리고 방향을 향해 언덕에 올라섰을 때, 한눈에 드러난 유대광야는 그대로 관념의 변혁變革이 되어 가슴으로 날아들었다. 보랏빛 안개에 잠긴 오른쪽 모압 지방. 누우런 구릉을 이룬 유대광야의 침묵 앞에서 내 영혼은 무릎을 꿇었다. 사막처럼 생명이 보이지 않는 목마른 땅. 천지가 회갈색이었다. 목마른 평지가 이어지는가 하면 깊은 계곡이 아득했다. 전설처럼 물길이 이어졌던 와디(Wadi)도 있었고, 아아峨峨한 절벽도 있었다. 그 절벽 위에 이르렀을 때, 내 전신은 갑자기 통곡이 되었다. 생명이 존재하지 않는 것처럼 보이는 땅, 세상 모든 것과 단절되어 홀연히 홀로 서게 된 그 자리에서 나는 비로소 나 자신과 만났다. 부모, 형제, 결혼, 학문, 직업, 명예, …… 세상의 그 어떤 것과도 이어지지 않은 자리에서 비로소 아무것도 걸친 것 없는 자신이 보였다. 그때까지 겪었던 온갖 쓰라림, 오해, 박해, 죄, 고독이라는 것들로 해서 나의 삶이 사막으로 이어질 수밖에 없었던 까닭이 보였다. 존재가 뒤집히는 엄청난 감전感電이었다. 존재의 뿌리는 죄였지만 그 뿌리에서 솟은 줄기에서 꽃이 피고 열매를 맺는 삶의 의미는 사랑이었다. 나는 혼자가 아니었다. 나 자신과의 화해가 그곳에서 이루어졌다. 내 떠나온 영혼의 고향이 있었다. 우리는 사랑하는 사람이 이 땅을 떠날 때 "돌아가신다." "돌아가셨다." 이른다. 그이가 떠나온 그곳, 영혼의 고향을 찾아가셨다 이른다. 그때 나는 사막, 광야에서 내 영혼의 고향을 만났다.

이스라엘이 4백 년 동안이나 노예로 살았던 애급으로부터 풀려났을 때, 그들이 들어선 곳은 풀 한 포기 물 한 방울 보이지 않는 광야였다. 그리고 40년의 유랑. 애급의 고기 가마와 맛있는 음식을 그리워하며 모세를 원망하고 광야를 원망하던 인간은 광야에서 죽었다. 여호와께서 각별하게 선민選民을 삼으셨던 이스라엘 백성이 왜 광야로 내몰렸으며 광야에서 죽어야 했을까.

인간 능력의 한계, 사람이 사람을 의지할 수 없는 곳, 사막은 인간 존재의 본질과 만나게 되는 땅이었다. 삶의 누린내에서 벗어나 존재의 제 모습을 만날 수 있는 자리였다. 내가 어디로부터 와서 어디로 가고 있는가를 깨닫게 만드는 확실한 조건이었다. 얼른 보아 생명이 존재하는 것 같지 않은 광야에는 누런 흙빛 속에 모든 것이 있었다. 흙빛의 메뚜기에서부터 회갈색의 개미, 여우, 토끼, 호랑이, 전갈, 뱀, 재칼, …… 베드윈과 양떼, 그리고…… 목마름 속에서 피어나는 황홀한 꽃들이 눈부셨다. 그 땅속 깊은 곳에 한없이 맑은 샘이 있었고, 천지 가득하게 생명이 살아 숨 쉬고 있었다. 그것은 육체의 눈이 아닌 영혼의 눈으로만 볼 수 있는 지구의 기적이었다.

나에게 마지막 사랑이 허락된다면 나는 그 사랑의 성취를 위하여 사막으로 가리라.

타클라마칸으로 가자.
깨어나라, 눈멀어 떠난 유랑流浪.
사막에 이르면 영혼으로 일어나라.

누구의 눈에도 띄지 않은 처녀의 별빛으로 일어나라.
우리, 한번 들어가면 영원히 돌아올 수 없다는 사막,
타클라마칸으로 가자.
끝없는 모래바람 너머로 신기루 이루는 타클라마칸으로 가자.
밍사산 2천 년 이어지는 슬픈 모래울음 장단에 함께 춤추러
타클라마칸으로 가자.
아딜라 설산雪山 백설의 눈 사라지고,
고대도시古代都市의 댐도 우물도 말라 사막이 된 타클라마칸.
만리장성도 무너뜨린 모래바람이
너와 나 사이의 장벽을 무너뜨리게 만들고.
사랑이라는 이름으로 천 번 저지른 거짓말을 모래 바람에 묻어 버리고……
흑사막黑砂漠 검은 모래더미,
모래바람에 말라버린 강줄기 강바닥,
소금밭에 자리 펴고,
너와 나의 눈물로 새로운 강을 이루자.
천년 돈황을 몰락시킨 모래 바람 앞에
눈물의 춤사위로, 영원한 사랑, 죽음의 궁전을 이룩하자.

정연희 환경생태 수필집

# 천사의 바구니

**인쇄** 2017년 06월 26일
**발행** 2017년 07월 01일

**지은이** 정연희
**발행인** 서정환
**펴낸곳** 수필과비평사
**주소** 서울시 종로구 삼일대로 32길 36(익선동 30-6 운현신화타워) 305호
**전화** (02) 3675-3885, (063) 275-4000 · 0484
**팩스** (063) 274-3131
**이메일** sina321@hanmail.net essay321@hanmail.net
**출판등록** 제300-2013-133호
**인쇄 · 제본** 신아출판사



**ISBN** 979-11-5933-085-8 03810
값 13,000원

이 도서의 국립중앙도서관 출판시도서목록(CIP)은 서지정보유통지원시스템 홈페이지(http://seoji.nl.go.kr)와 국가자료공동목록시스템(http://www.nl.go.kr/kolisnet)에서 이용하실 수 있습니다.(CIP제어번호: CIP2017010864)

Printed in KOREA